2022年安徽省高校科研计划项目（校级重点）“数字经济对安徽省城乡融合发展的影响研究”（SK202210ZD）研究成果

2022年安徽省高校优秀青年项目（2022AH030102）研究成果

安庆师范大学学术著作出版基金资助

数字经济与城市经济高质量发展

徐晓慧◎著

安徽师范大学出版社
ANHUI NORMAL UNIVERSITY PRESS
·芜湖·

图书在版编目(CIP)数据

数字经济与城市经济高质量发展 / 徐晓慧著 .— 芜湖:安徽师范大学出版社,2023.12

ISBN 978-7-5676-6129-5

Ⅰ.①数… Ⅱ.①徐… Ⅲ.①信息经济—影响—城市经济—经济发展—研究 Ⅳ.①F291

中国国家版本馆CIP数据核字(2023)第060257号

数字经济与城市经济高质量发展

徐晓慧◎著

责任编辑:孔令清　　责任校对:吴毛顺　管健行

装帧设计:张德宝　姚　远　　责任印制:桑国磊

出版发行:安徽师范大学出版社

芜湖市北京中路2号安徽师范大学赭山校区

网　　址:http://www.ahnupress.com/

发 行 部:0553-3883578　5910327　5910310(传真)

印　　刷:苏州市古得堡数码印刷有限公司

版　　次:2023年12月第1版

印　　次:2023年12月第1次印刷

规　　格:700 mm × 1000 mm　1/16

印　　张:12

字　　数:200千字

书　　号:ISBN 978-7-5676-6129-5

定　　价:46.80元

目　录

绪 论

第一节 研究背景与研究意义

一、研究背景

自改革开放以来，中国的变化翻天覆地，中国经济快速发展，取得了举世瞩目的成绩，被誉为“中国奇迹”。我国人均GDP从1978年的385元增加到2020年的72000元[①]，并且在2010年超越日本，在世界经济体排名中占据第二位。虽然中国在2012年的经济增长速度是7.8%[②]，呈现放缓的趋势，但是中国的经济发展水平发生了变化，即原来是低收入国家，而现在是中等偏上收入国家；生产能力占据世界第一位的主要工农业产品有220多种，工农业生产力发展水平得到大幅提升[③]，供给也发生了变化。

我国经济已经走向高质量发展阶段[④]。这是中国经济进入新的发展阶段的重要标志，它既能够对在中国经济发展过程中所遇到的瓶颈问题加以突破，也能够对新时代中国面临的各种社会问题加以缓解。这说明我国经济已经基本实现速度的追赶、量的积累，但是这其实还是一种粗放型经济发展模式，而且一直推行这种发展模式明显与现阶段我国经济发展要求是不相适应的。为此，必须打破低质量的发展，以高质量的发展为最终目标，

① 根据国家统计局公布的相关数据整理得到。

② 根据国家统计局公布的相关数据整理得到。

③ 根据国家统计局公布的相关数据整理得到。

④ 2017年习近平总书记在党的十九大上的报告中指出：我国经济已由高速增长阶段转向高质量发展阶段，正处在转变发展方式、优化经济结构、转换增长动力的攻关期。

促使经济发展以提质增效为着力点。显然，实现经济高质量发展意义重大。

与此同时，新一代信息技术革命席卷全球，并广泛渗透于经济、社会、文化、生态等领域之中，人类社会正在步进入以数字化生产力为主要标志的全新历史阶段。我国十分重视新一代信息技术在经济社会发展过程中发挥的重要影响，正大力促进数字产业化的发展步伐加速，主动加强实体经济与数字经济之间的深度融合（如人工智能、物联网、大数据等）。2016年美国的数字经济规模占GDP比重高于58%，其值在10万亿美元以上，而且全球主要发达国家（美、日、德、英）数字经济规模占GDP比重均在50%左右[①]。2018年中国的数字经济规模占GDP比重是34.8%，其值是31.3万亿元，在世界排名中位于第二位[②]。2020年中国的数字经济规模占GDP比重是38.6%[③]，而且数字经济增速比GDP增速快。可以看出，尽管我国与主要发达国家之间还存在较大的差距，表现在我国的数字经济规模占GDP比重明显比一些发达国家的数字经济规模占GDP比重低，但是我国在整体上拥有较大的数字经济规模。所以，我国的数字经济发展潜力巨大。

数字经济作为技术高度密集的经济形态，它不断推动着技术变革，人们的生产与消费模式也会随之发生巨大的变化，而其他方面如生产效率的提高、供需的匹配、资源的整合、要素配置效率的优化等都得益于数字经济的发展（丁志帆，2020）。由此可见，我国经济发展必然会呈现出的一种新趋势，即过渡到数字经济，数字经济已经成为推动我国经济高质量发展的重要动力。而把城市作为研究尺度就我国数字经济对城市经济高质量发展的影响进行考察的原因在于：第一，数字经济以城市作为重要载体，城市地域空间也是它的资源汇聚地，数字经济的发展不但对当地城市的经济发展产生重要影响，而且对其他城市的经济发展也会产生重要影响，进而将城市间的经济密切联系起来；第二，城市数字经济对我国国民经济发展的贡献率持续提高，对我国国民经济的稳定恢复和发展作用更加凸显；第三，以往研究主要从整体上进行考察。因此，本书以城市作为研究对象，厘清数字经济与城市经济高质量发展之间的关系，对于中国制定促进数字

① 根据《2017中国数字经济发展报告》公布的相关数据整理得到。

② 根据《数字中国建设发展报告（2018年）》公布的相关数据整理得到。

③ 根据《中国数字经济发展白皮书（2021年）》公布的相关数据整理得到。

经济与城市经济高质量发展的相关政策建议具有重要的现实意义，这也是当前学术界在转型的关键时期有待于进一步研究和解决的重要问题。

二、研究意义

（一）理论意义

第一，本书通过构建数字经济对城市经济高质量发展影响的理论分析框架，以期进一步地加强和深化数字经济对城市经济高质量发展影响的理论体系研究。虽然已有文献探讨了数字经济对城市经济高质量发展的影响，然而从理论上就数字经济对城市经济高质量发展的影响进行分析的相关文献较少。为此，本书在深刻理解它们的理念内涵的基础上，把数字经济对城市经济高质量发展的影响纳入其中，探讨数字经济对城市经济高质量发展影响的理论分析，并构建它们之间关系的理论分析框架，以期进一步地加强和深化现有的理论体系研究。

第二，本书在相关理论的基础上，从总体效应和中介效应两个方面实证检验了数字经济对城市经济高质量发展的影响，从而更好地把握数字经济发展规律，激发经济发展活力，并且能够为制定通过数字经济助推城市经济高质量发展的政策建议提供理论指导。已有文献主要是考察数字经济对经济社会发展某一维度的影响，而从不同的维度和深度来剖析数字经济对城市经济高质量发展的影响有待于进一步加强。为此，本书基于中国城市层面的相关数据分别构建中国城市数字经济发展水平评价指标体系和中国城市经济高质量发展水平评价指标体系，并且运用面板固定效应模型、差分广义矩估计法、系统广义矩估计法、普通最小二乘法、两阶段最小二乘法、倾向得分匹配双重差分法、面板门槛模型、中介效应模型等计量方法，就数字经济对城市经济高质量发展的影响效应进行评估，以期进一步地充实和补充现有的研究结论。

第三，本书采用了更符合中国现实情况的城市数字经济与城市经济高质量发展的测度方法，分别测算了2011—2019年中国284个地级及以上城市的数字经济指数和经济高质量发展指数，以期进一步地补充和拓展数字经济与城市经济高质量发展方面的相关研究。在已有文献的基础上，结合研究主题，本书选取科学合理的指标体系和测度方法，以期进一步地补充和拓展数字经济与城市经济高质量发展之间关系的研究成果。

（二）现实意义

第一，本书对2011—2019年中国284个地级及以上城市的数字经济和经济高质量发展进行测算，并对其特征事实进行分析，所得出的研究结论对于明晰目前中国城市的数字经济发展状况与经济高质量发展状况具有重要的借鉴意义。

第二，本书研究城市经济高质量发展问题对于新时代我国经济发展具有较强的应用性。当前，我国社会面临的诸多问题已经发生变化，提高城市经济高质量发展水平成为中国经济发展的迫切要求和关键内容，并且该领域对这一问题进行系统探讨的研究较少，本书的研究成果对于指导我国城市经济高质量发展的实践具有重要的参考意义。

第三，本书在数字经济对城市经济高质量发展影响的理论分析的基础上，就数字经济对城市经济高质量发展影响的总体效应、中介效应进行实证检验。它的作用在于：一方面，有助于我国有针对性地制定相应的产业政策、金融政策、收入分配政策、财政政策等；另一方面，对于我国制定适宜的数字经济发展政策、实现数字经济的增长效能与城市经济高质量发展的双赢具有重要的启示意义。

第二节　研究目的与研究思路

一、研究目的

经过改革开放40多年的艰苦探索，中国经济现已进入新时代，它的基本特征就是从高速增长阶段转型为高质量发展阶段。在这种情况下，对如何培育经济增长新动能进行讨论，不断加速提高经济增长效率，以促进城市经济高质量发展为最终目标，这是学术界普遍关注的重要问题。数字经济具有的特征是高协同性、高成长性、高渗透性、高技术性等。数字经济在经济增长过程中所起到的作用愈来愈强，快速发展得益于迫切的发展需求和有效的政策引导。所以，数字经济与城市经济高质量发展之间关系的研究成为近年来学术界高度关注的热点话题。目前已有文献主要是考察数字经济对经济社会发展某一维度的影响，而从不同的维度和深度来剖析数字经济对城市经济高质量发展的影响有待于进一步加强。同时，也缺乏深入全面地分析数字经济对城市经济高质量发展的影响效应。

基于此，本书从理论和实证两个层面系统地就数字经济对城市经济高质量发展的影响效应进行研究，主要尝试对以下三个问题作出回答：第一，数字经济是否影响城市经济高质量发展？第二，如果该影响得到证实，则数字经济影响城市经济高质量发展的作用机制是什么？第三，数字经济如何影响城市经济高质量发展，它们之间的关系是否存在门槛效应与异质性，而这又与哪些因素有关？本书在现有文献的基础上，从互联网普及率、互联网相关从业人员、互联网相关产出、移动互联网用户数、数字金融普惠发展等五个维度构建中国城市数字经济发展水平评价指标体系，从创新、协调、绿色、开放、共享等五个维度构建中国城市经济高质量发展水平评价指标体系，并且分别利用主成分分析法和熵权TOPSIS法测算出中国城市数字经济指数和中国城市经济高质量发展指数，从而研究数字经济对城市经济高质量发展影响的总体效应。同时，也进一步地就数字经济对城市经济高质量发展影响的中介效应进行实证检验。在此基础上，为中国制定适宜的数字经济发展政策、实现数字经济的增长效能与城市经济高质量发展的双赢提供经验参考和启示性建议。

二、研究思路

本书在现有文献的基础上，着重借鉴黄群慧等（2019）、郭峰等（2020）、赵涛等（2020）的研究思路，从数字金融普惠发展、移动互联网用户数、互联网相关产出、互联网相关从业人员、互联网普及率等五个维度构建中国城市数字经济发展水平评价指标体系，并且利用主成分分析法测算出中国城市数字经济的综合指数和分维度指数，着重借鉴魏敏和李书昊（2018）、詹新宇和崔培培（2016）、孙学涛（2021）、钞小静和任保平（2011）、杨卫丽等（2021）、魏蓉蓉（2019）、马铁群和史安娜（2012）的研究思路，从创新、协调、绿色、开放、共享等五个维度构建中国城市经济高质量发展水平评价指标体系，并且利用熵权TOPSIS法测算出中国城市经济高质量发展的综合指数和分维度指数，从而研究数字经济对城市经济高质量发展影响的总体效应。同时，也进一步地实证检验数字经济对城市经济高质量发展影响的中介效应。本书的研究思路如图0-1所示。

首先，本书梳理了与本书研究相关的文献，主要包括数字经济的相关研究、经济高质量发展的相关研究以及数字经济与城市经济高质量发展的相关研究，明确现有研究可能存在的不足之处，从而为本书的写作思路提供借鉴和启发。其次，本书在充分吸收已有研究成果的基础上，就数字经济对城市经济高质量发展影响的理论分析进行阐述，从而在厘清数字经济对城市经济高质量发展的影响的同时，为本书的后续实证分析奠定理论依据。再次，本书从数字金融普惠发展、移动互联网用户数、互联网相关产出、互联网相关从业人员、互联网普及率等五个维度构建中国城市数字经济发展水平评价指标体系，并且利用主成分分析法测算出中国城市数字经济指数，同时从创新、协调、绿色、开放、共享等五个维度构建中国城市经济高质量发展水平评价指标体系，并且利用熵权TOPSIS法测算出中国城市经济高质量发展指数。据此，本书根据测度结果对数字经济与城市经济高质量发展的特征事实进行分析。然后，本书通过构建数字经济对城市经济高质量发展影响的计量模型来实证检验数字经济对城市经济高质量发展影响的总体效应，并且从替换核心解释变量、替换被解释变量、内生性问题处理、外生政策冲击等四个方面做稳健性检验。同时，进一步地进行扩展性讨论即就数字经济对城市经济高质量发展的异质性影响、数字经济对城市经济高质量发展的非线性影响进行实证检验。接着，本书分别从人力资本、技术创新、产业结构升级三个方面就数字经济对城市经济高质量发展影响的中介效应进行实证检验，并且分别考察这三个中介效应的稳健性，同时也分别对这三个中介效应在区域层面的异质性进行实证检验。最后，本书对全文研究进行总结，得出本书的主要研究结论，并在此基础上提出相关的政策建议，同时对后续的研究方向和研究内容进行展望。

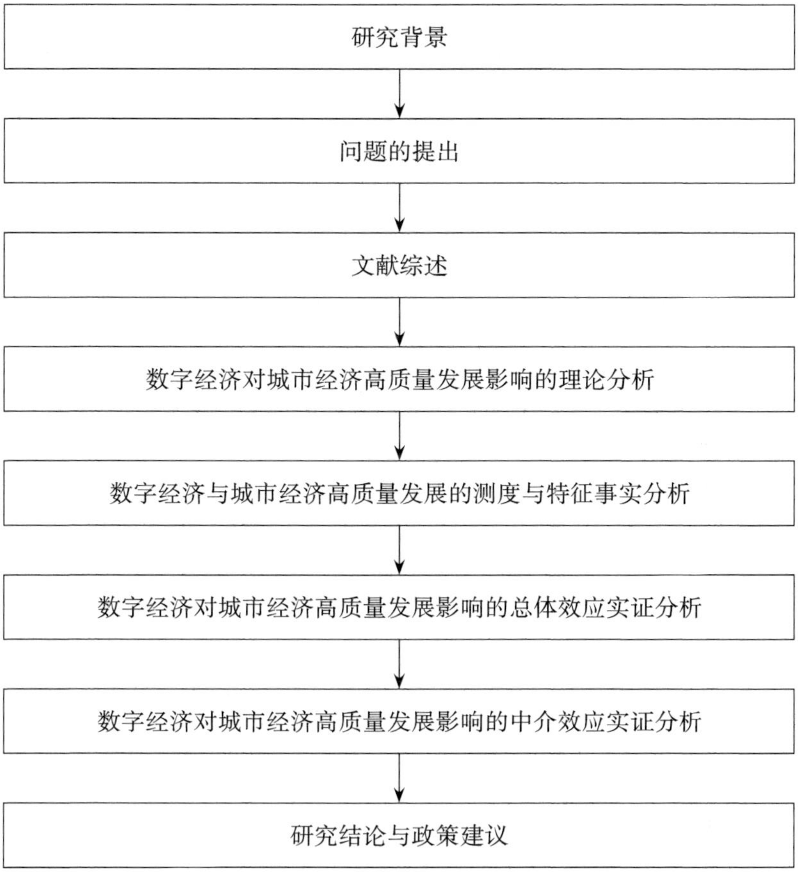

图0-1 本书的研究思路

第三节 研究内容与研究方法

一、研究内容

本书的研究内容主要划分为以下七个部分：

第一部分是绪论。在这一部分中，本书首先在研究背景的基础之上提出亟待研究和解决的重要问题，并且对其研究意义进行阐述；其次，本书对研究目的、研究思路、研究内容、研究方法进行介绍；最后，提出本书可能的创新之处。

第二部分是文献综述。在这一部分中，内容主要集中在以下三个方面：（1）数字经济的相关研究，包括数字经济的内涵、数字经济的影响因素、数字经济的测度以及数字经济的实证分析等，通过对数字经济的现有研究进行分析和梳理，以期总结和评述在数字经济的相关研究中所存在的优势和不足。（2）经济高质量发展的相关研究，包括经济高质量发展的内涵、经济高质量发展的影响因素、经济高质量发展的测度以及经济高质量发展的实证分析等，通过对经济高质量发展的现有研究进行分析和梳理，以期分析在经济高质量发展的相关研究中所存在的优势和不足。（3）数字经济与城市经济高质量发展的相关研究，包括城市数字经济的理论研究与实证研究、城市经济高质量发展的实证研究、数字经济对城市经济高质量发展影响的实证研究，对这些研究的理论依据和经验支撑进行总结，既能够为本书的研究提供借鉴和启发，也能够为后续研究奠定文献基础。

第三部分是数字经济对城市经济高质量发展影响的理论分析。在这一部分中，本书主要从数字经济的特征、数字经济与城市经济高质量发展的契合性、数字经济对城市经济高质量发展的影响效应三个方面阐述数字经济对城市经济高质量发展影响的理论分析。

第四部分是数字经济与城市经济高质量发展的测度与特征事实分析。在这一部分中，本书首先从互联网普及率、互联网相关从业人员、互联网相关产出、移动互联网用户数、数字金融普惠发展等五个维度构建中国城市数字经济发展水平评价指标体系，并且利用主成分分析法测算出中国城市数字经济指数；其次，本书从创新、协调、绿色、开放、共享等五个维度构建中国城市经济高质量发展水平评价指标体系，并且利用熵权TOPSIS法测算出中国城市经济高质量发展指数；最后，本书对数字经济与城市经济高质量发展的特征事实进行分析。

第五部分是数字经济对城市经济高质量发展影响的总体效应实证分析。在这一部分中，本书在已有相关研究的基础上，通过构建数字经济对城市经济高质量发展影响的计量模型来实证检验数字经济对城市经济高质量发展影响的总体效应，并且进行稳健性检验。同时，进一步地进行扩展性讨论，即就数字经济对城市经济高质量发展的异质性影响、数字经济对城市经济高质量发展的非线性影响进行实证检验。

第六部分是数字经济对城市经济高质量发展影响的中介效应实证分析。在这一部分中，本书分别从人力资本、技术创新、产业结构升级三个方面实证检验数字经济对城市经济高质量发展影响的中介效应，并且分别考察这三个中介效应的稳健性，同时分别对这三个中介效应在区域层面的异质性进行实证检验。

第七部分是研究结论与政策建议。在这一部分中，本书对全文研究进行总结，得出本书的主要研究结论，并在此基础上提出相关的政策建议，同时对后续的研究方向和研究内容进行展望。

二、研究方法

本书的研究方法包括以下几种：

（一）归纳与演绎相结合

本书对数字经济、城市经济高质量发展、数字经济与城市经济高质量发展等方面的相关文献进行梳理、归纳、总结、分析，在研究问题上就数字经济对城市经济高质量发展的影响效应加以明确，发现已有研究的某些不足之处依然存在，并且从这个突破口着手，结合相关的学科知识，通过演绎推断就数字经济对城市经济高质量发展的影响过程进行分析，以期搭建本书的理论分析框架。

（二）理论分析与经验分析相结合

本书在现有研究成果的基础上，阐述数字经济对城市经济高质量发展影响的理论分析，主要包括数字经济的特征、数字经济与城市经济高质量发展的契合性、数字经济对城市经济高质量发展的影响效应。同时，在理论分析的基础上，本书通过构建计量模型，分别从总体层面和区域层面就数字经济对城市经济高质量发展影响的总体效应与中介效应进行经验分析。而在经验分析中，本书主要使用了面板固定效应模型、差分广义矩估计法、系统广义矩估计法、普通最小二乘法、两阶段最小二乘法、倾向得分匹配双重差分法、面板门槛模型、中介效应模型等计量方法。

（三）定性分析与定量分析相结合

一般来说，不管是对特定的经济关系进行揭示，还是对经济发展规律进行揭示，在经济学中都是通过定性分析经济现象来实现的。本书运用定性分析方法主要体现在：就数字经济对城市经济高质量发展的影响进行理论分析。本书运用定量分析方法主要体现在：第一，趋势分析法，即本书在对中国城市数字经济与中国城市经济高质量发展进行测度的基础上，分别分析它们的演进趋势；第二，计量分析法，即本书在进行实证分析的过程中，采用的方法主要包括面板固定效应模型、差分广义矩估计法、系统广义矩估计法、普通最小二乘法、两阶段最小二乘法、倾向得分匹配双重差分法、面板门槛模型、中介效应模型等。本书借助这些方法就数字经济对城市经济高质量发展影响的总体效应与中介效应进行实证检验。

（四）比较分析法

本书运用比较分析法主要体现在：第一，基于区域层面的中国城市数字经济测度结果，在对中国各城市之间在数字经济指数上的差异进行比较的同时，也对中国各城市数字经济指数排名的变化情况进行比较；第二，基于区域层面的中国城市经济高质量发展测度结果，在对中国各城市之间在经济高质量发展指数上的差异进行比较的同时，也对中国各城市经济高质量发展指数排名的变化情况进行比较；第三，在区域层面的实证分析中，比较数字经济对东部城市与中西部城市、中心城市与外围城市经济高质量发展影响的总体效应，以及比较数字经济对东部城市与中西部城市、中心城市与外围城市经济高质量发展影响的中介效应。

第四节　创新之处

在充分借鉴现有相关文献的基础上，本书从数字金融普惠发展、移动互联网用户数、互联网相关产出、互联网相关从业人员、互联网普及率等五个维度构建指标体系，并且利用主成分分析法对其进行测算，以衡量中国城市数字经济发展水平，同时从创新、协调、绿色、开放、共享等五个维度构建指标体系，并且利用熵权TOPSIS法对其进行测算，以衡量中国城市经济高质量发展水平，从而更好地深入分析数字经济对城市经济高质量发展的影响。本书的创新之处有：

第一，本书基于理论层面探究了数字经济对城市经济高质量发展的影响，构建了数字经济对城市经济高质量发展影响的理论分析框架。现有文献主要是考察数字经济对经济社会发展某一维度的影响，但是从不同的维度与深度就数字经济对城市经济高质量发展的影响进行的分析还不够深入透彻。所以，本书结合现有的研究成果，构建包括数字经济对城市经济高质量发展影响的总体效应和中介效应的理论分析框架，以期就数字经济对城市经济高质量发展的影响进行深入且全面的分析。具体而言：数字经济对城市经济高质量发展具有促进作用，其促进作用是通过三个中介变量即产业结构升级、技术创新、人力资本来实现的。这些研究都在一定程度上拓展了现有研究的理论边界，有益补充了现有的相关研究成果。

第二，本书为测度中国城市经济高质量发展水平构建了一个较为全面的指标体系。现有关于经济高质量发展水平测度方面的文献，大多数研究通过构建指标体系来衡量经济高质量发展水平。然而，在城市经济高质量发展水平的测度上，现有文献主要采用全要素生产率进行衡量。本书在现有文献的基础上，从创新、协调、绿色、开放、共享等五个维度着手，构建包括20个基础指标的指标体系对中国城市经济高质量发展水平进行衡量。其中，在创新维度考虑了创新投入和创新产出两个方面；在协调维度考虑了城乡结构、产业结构、市际协调三个方面；在绿色维度考虑了环境污染和环境保护两个方面；在开放维度考虑了贸易依存度和外商投资两个方面；在共享维度考虑了收入、消费支出、医疗、师资四个方面。同时，在测度方法上，本书使用了熵权TOPSIS法，它既能够避免指标权重赋值的主观性，又能够充分利用原始数据反映的客观信息。

第三，本书在现有文献的基础上，从理论层面上就数字经济对城市经济高质量发展影响的总体效应和中介效应进行了研究，其中的三个中介变量分别是产业结构升级、技术创新、人力资本。同时，在研究数字经济对城市经济高质量发展的影响效应时，本书使用了面板固定效应模型、差分广义矩估计法、系统广义矩估计法、普通最小二乘法、两阶段最小二乘法、倾向得分匹配双重差分法、面板门槛模型、中介效应模型等计量方法，从总体层面、区域层面进行了充分的实证检验。这样一方面有助于厘清数字经济、人力资本、技术创新、产业结构升级与城市经济高质量发展之间的关系，另一方面为促进数字经济的发展、实现城市经济高质量发展提供事实依据。

第一章　文献综述

在这一章中，着重于对与本书研究主题相关的现有文献进行整理、归纳、总结和分析。这样做的目的在于：一方面能够为本书的研究提供新的研究方向，另一方面也能够为本书的写作思路提供一定的参考和启发。

第一节　数字经济的相关研究

一系列的经济活动是数字经济的本质属性，它借助现代信息网络这个平台来搜集和利用数字化的知识与信息，从而实现效率提升和经济结构优化的目的。当前，学者们主要从数字经济的内涵、影响因素、测度、实证分析等方面展开研究。

一、数字经济内涵及影响因素的相关研究

（一）数字经济的内涵

目前，关于数字经济的内涵，现有文献主要从测量，产出，要素、条件、路径、目标，经济形态等四个方面展开研究。从整理现有的相关文献来看，国内外学者们纷纷从不同视角对数字经济的内涵进行界定，所以这导致了数字经济的内涵至今都无法形成共识。

1.基于测量视角的解释

Moulton（1999）认为，信息技术与电子商务都属于数字经济的范畴。Kling和Lamb（1999）指出，数字经济完全依赖于数字化技术，这种数字化

技术能够为在制造、销售或供给等方面的商品和服务提供有利条件[①]。Haltiwanger 和 Jarmin（2000）认为，数字经济涉及数字商品和软件。Mesenbourg（2001）认为，电子商务流程、电子商务、电子商务基础设施都属于数字经济的范畴。Eisenmann 等（2006）认为，传统商务与电子信息技术间的融合构成了最初的数字经济框架。Barefoot 等（2018）指出，数字经济能划分成三个部分，分别是数字媒体、电子商务、数字化基础设施。

王思瑶（2020）指出，数字经济包括三大行业，即数字内容生产行业、电子商务行业、通信基础设施建设行业[②]。

2.基于产出视角的解释

裴长洪等（2018）认为，数字经济能够代表先进生产力，它实质上是一种技术手段[③]。张鹏（2019）认为，数字经济是一个历史范畴，一方面它是不断演化的新生产组织方式，这种新生产组织方式是通过高度互动和协调人类经济活动所塑造的；另一方面，它反映了在经济系统中制度、技术和组织这三个方面如何相互作用的过程[④]。韩兆安等（2021）认为，在社会生产过程中，数字经济需要技术要素参与其中，这些技术要素是数据信息及其传送，尤其是生产率的高低取决于这种技术手段。

3.基于要素、条件、路径、目标等视角的解释

Danny（2003）认为，数字经济的范畴扩展到利用互联网进行商品及服务交易的所有经济活动。Dahlman 等（2016）认为，数字经济融合了几种通用技术，它实质上是一系列的经济和社会活动，这些经济和社会活动是以互联网与相关技术的方式而开展的。Shaqiri 和 Namani（2015）认为，数字经济本质上是一种经济活动，它不仅可以在一定虚拟载体上存储信息，这些信息以图像、文字、声音的形式存在，加之还可以循环运用它们。Bharadwaj 和 Pavlou（2013）、Richter 等（2017）、Teece（2018）认为，数字经济是能够将数字化信息解析和处理的新一代信息技术的经济活动。Wu 等

① KLING R，LAMB R. IT and Organizational Change in Digital Economies：A Socio-Technical Approach［J］. Acm Sigcas Computers & Society，1999，29（13）：17-25.

② 王思瑶. 数字经济的统计界定及行业分类研究［J］. 调研世界，2020（01）：4-9.

③ 裴长洪，倪江飞，李越. 数字经济的政治经济学分析［J］. 财贸经济，2018（09）：5-22.

④ 张鹏. 数字经济的本质及其发展逻辑［J］. 经济学家，2019（02）：25-33.

（2019）认为，对数字经济中的新商业模式进行开拓的关键在于使用数据资本追踪消费者的潜在需求，这也是对数字经济中的产品服务进行创新的关键。Goldfarb 和 Tucker（2019）认为，数字经济是能够利用数字技术以实现数据资本的搬运和复制的成本、利用数据进行价值创造的资本都大大减少的一种经济活动。张雪玲和吴恬恬（2019）认为，数字经济可以实现在某些方面的数字化，比如生活消费、社会治理、生产交易、合作交流、组织管理等，而且它也可以对社会和经济运行模式进行改变①。许宪春和张美慧（2020）认为，数字经济是利用数字技术这种手段，通过数字化平台赋能基础设施的一种经济活动②。孙杰（2020）认为，数字经济作为一种新的经济活动形态，知识和信息变成了它最重要的生产要素③。童锋和张革（2020）认为，数字经济是数据和信息在网络中流动而产生的一系列经济活动。

Brynjolfsson 和 Kahin（2000）认为，信息的数字化是数字经济的本质属性。Turcan 等（2014）认为，信息属于数字经济的关键资源，它能够为开发新产品与提供新服务带来巨大的发展机遇。Tapscott（1996）认为，数字经济实质上是一种新兴的经济模式，它借助的方式是人力资本的增加和数字化网络的应用，它能够推动全球经济的互联互通，且这是通过自我学习和革新来实现的。Geordiadis 等（2013）认为，数字经济是借助互联网等手段而进行的社会活动。Lane（1999）认为，数字经济能够将计算机技术与通信技术紧密结合起来。Cohen 等（2000）认为，现代信息技术对世界产生了重要影响，并且明确提出信息通信技术就是数字经济，尤其是互联网。乌家培（1998）认为，数字经济的基础是信息通信技术，它是信息革命的产物，但是这种结果是通过信息产业在其发展的过程中起着主导作用而产生的，而且它与其他经济形态都属于同一种经济，比如网络经济、智能经济、知识经济等。史宇鹏（2021）指出，数字经济就是以数字技术为核心

① 张雪玲，吴恬恬．中国省域数字经济发展空间分化格局研究［J］．调研世界，2019（10）：34-40.

② 许宪春，张美慧．中国数字经济规模测算研究：基于国际比较的视角［J］．中国工业经济，2020（05）：23-41.

③ 孙杰．从数字经济到数字贸易：内涵、特征、规则与影响［J］．国际经贸探索，2020（05）：87-98.

的一种经济模式，这种经济模式在顺利推进全部经济活动的同时，也能促使效益的增加①。

4. 基于经济形态视角的解释

Paul 和 Wilsdon（2001）认为，数字经济本质上是一种新的经济形态，它并非限制在某些层面上，比如技术融合、电子商务等。Beomsoo（2002）认为，数字经济是利用数字信息技术以提供微观主体所需要的商品和服务的一种全新的经济形态。何帆和刘红霞（2020）认为，数字经济是以信息技术的快速发展为重要内容的一种新经济形态②。李天宇和王晓娟（2021）认为，数字经济是依赖于互联网技术和大数据的一种新型经济形态③。

（二）数字经济的影响因素

目前，现有文献主要从经济发展水平、经济外向度、产业结构、区块链、政府行为、人力资本、科技创新、城镇化、平台治理等方面研究数字经济的影响因素。

林宏伟和邵培基（2019）认为，区块链影响着数字经济。钟业喜和毛炜圣（2020）认为，长江经济带数字经济发展水平可能随着产业结构、信息化水平、城市等级等方面的变化而产生变化，而且这些因素对其产生正向作用，其他因素如经济发展水平、人力资本、人口规模等对其产生的作用不大，它代表了对于经济基础较差的地区而言，能够实现经济“换道超车”，这是因为它们可以通过依赖于对信息基础设施的提升、产业升级的推进以更好地促进数字经济的发展。刘军等（2020）认为，居民工资水平、人力资本水平、政府干预度、外资依存度、地区经济增长水平都能够显著影响中国数字经济的发展。田俊峰等（2019）认为，经济社会发展水平、

---

① 史宇鹏. 数字经济与制造业融合发展：路径与建议［J］. 人民论坛·学术前沿，2021（06）：34-39.

② 何帆，刘红霞. 数字经济视角下实体企业数字化变革的业绩提升效应评估［J］. 改革，2019（04）：137-148.

③ 李天宇，王晓娟. 数字经济赋能中国“双循环”战略：内在逻辑与实现路径［J］. 经济学家，2021（05）：102-109.

人口因素等是影响数字经济的重要因素[①]。焦帅涛和孙秋碧（2021）认为，数字经济发展受诸多因素的影响，比如贸易开放度、产业结构高级化、城镇化、经济增长水平、人力资本等，而且这些因素给数字经济发展带来正向作用[②]。余海华（2021）认为，城镇化、信息化、市场化、科技创新、基础设施、产业结构等显著差异共同驱动数字经济空间关联[③]。余谦和邱云枫（2021）认为，我国数字经济规模的影响因素主要集中在两个方面，即数字经济强度、人均最终需求水平。张顺等（2020）认为，数字经济的健康发展得益于数字经济平台治理的有效性、合理化。

二、数字经济测度及实证分析的相关研究

（一）数字经济的测度

在对数字经济的内涵及影响因素进行深入分析以后，学者们开始研究如何将数字经济进行量化，从而更好地分析它与其他各经济变量之间的关系。现有文献在对数字经济进行测度时，主要采用单变量衡量指标和多变量综合衡量指标体系两种方法。虽然现有研究在数字经济的测度上已经进行了大量工作，并取得了一系列的重要成果，但是关于数字经济的测度指标仍然存在争议。从现有的相关文献来看，虽然有采用单一的统计指标来测度数字经济，但是较为普遍的做法是构建评价指标体系，即选取权威性、完整性和高频性的关联指标对数字经济进行测度，从而能够更加全面和准确地评估数字经济发展水平。

1.单变量衡量指标

当前，部分学者在对数字经济进行测度时，他们选择的是单变量衡量指标。它们囊括在内的指标有智慧城市建设、网络就绪指数、数字经济发展指数、“宽带中国”战略试点、数字建设、数字服务、数字素养、数字应

① 田俊峰，王彬燕，王士君，等.中国东北地区数字经济发展空间分异及成因［J］.地域研究与开发，2019（06）：16-21.

② 焦帅涛，孙秋碧.我国数字经济发展测度及其影响因素研究［J］.调研世界，2021（07）：13-23.

③ 余海华.中国数字经济空间关联及其驱动因素研究［J］.统计与信息论坛，2021（09）：23-34，44.

用等。

陈福中（2020）在对数字经济发展水平进行测度时所运用的指标是网络就绪指数。汤旖璆（2020）采用智慧城市建设来衡量数字经济发展水平。刘传明等（2020）、段博（2020）在对数字经济发展水平进行测度时所运用的指标是数字经济发展指数，这个指数可以从“腾讯互联网+”数字经济大数据平台中得到。李小忠（2021）利用是否实施“宽带中国”战略试点作为数字经济的代理指标。刘达禹等（2021）分别选取数字建设、数字服务、数字素养以及数字应用来衡量数字经济发展水平。

2.多变量综合衡量指标体系

目前，有些学者采用多变量综合衡量指标体系来测度数字经济。这些多变量综合衡量指标体系在进行构建时，主要使用的方法包括熵权法、指数法、因子分析法、主成分分析法、熵权TOPSIS法等。

张雪玲和焦月霞（2017）通过熵权法与指数法对构建包括企业数字化发展、信息和通信技术产业发展、ICT初级应用、ICT高级应用、信息通信基础设施等指标的数字经济发展评价体系所计算的结果以测度数字经济。张伯超和沈开艳（2018）构建涉及固定电话普及率、风险资本可用度、固定宽带普及率等指标的评价体系，并在此基础上对其进行结合，利用主成分分析法与因子分析法这两种方法所得到的总分来衡量数字经济发展水平。阎世平等（2020）通过熵权法对构建包括软件产业收入、电信业务总量、移动电话交换机容量等指标的数字经济发展水平评价指标体系进行计算得出的结果（即数字经济指数）以表征数字经济发展水平。张永恒和王家庭（2020）凭借熵权TOPSIS法对构建包括直接收益、资金投入强度、劳动投入强度、参与水平、经营效益、生产投入、宽带生活、移动生活、互联网消费、传输基础、承载能力、人员配备等指标的数字经济发展水平评价指标体系加以计算而取得的结果（即数字经济指数）以表征数字经济发展水平。

（二）数字经济的实证分析

当前，现有文献主要从产业结构优化、就业、创新、效率、经济发展等方面研究数字经济的实证分析。

1.产业结构优化方面

Giudice（2016）、Gaputo等（2016）发现，数字经济的物联网技术在制造业中被使用的核心在于对产业结构进行调整。李治国等（2021）通过实证研究发现，数字经济不仅能够促进产业结构升级，而且也能够促进产业结构合理化。陈小辉等（2020）通过实证研究发现，数字经济能够促进我国产业结构升级。姚维瀚和姚战琪（2021）使用2013—2016年我国各省（区、市）面板数据研究发现，数字经济在我国产业结构升级中起到激发与提升作用①。范晓莉和李秋芳（2021）通过实证研究发现，数字经济对产业结构转型升级起到显著的推动作用。白雪洁等（2021）研究发现，数字经济发展显著推动了中国产业结构转型。李晓钟和吴甲戌（2020）利用2007—2016年我国30个省份的面板数据研究发现，数字经济及其子系统对我国产业结构转型升级产生正向促进作用。

2.就业方面

戚聿东等（2020）研究发现，数字经济能够改善就业环境。孟祺（2021）通过实证研究发现，数字经济不会减少就业。何宗樾和宋旭光（2020）利用北京大学中国社会调查中心公布的CFPS数据库研究发现，数字经济显著推进非农就业，甚至数字经济显著推动受雇型非正规就业。王栋（2020）研究发现，数字经济的就业吸纳能力很强。黄海清和魏航（2022）通过实证研究发现，城市就业规模的扩大能够通过数字经济的发展来实现。

3.创新方面

夏杰长等（2021）利用2002—2018年我国各省的面板数据研究发现，数字经济规模的扩大能够达到创新产出能力攀升的目的，在这当中创新投入的增加发挥着重要作用。韩璐等（2021）以我国城市面板数据为样本，研究表明数字经济对城市创新能力起到显著的提升作用。党琳等（2021）利用2016—2018年我国城市层面的数字经济指数与企业层面的专利申请数据研究发现，数字经济主要通过改善创新环境这一渠道影响制造业企业的

① 姚维瀚，姚战琪.数字经济、研发投入强度对产业结构升级的影响［J］.西安交通大学学报（社会科学版），2021（05）：11-21.

合作创新绩效。梁琦等（2021）通过实证研究发现，创新质量与我国城市的数字经济发展之间存在一种正向空间相关性的关系，而且在经济空间关联特征上更加明显。吴赢和张翼（2021）通过实证研究发现，数字经济显著促进区域创新。温珺等（2019）利用2015年中国287个地级市的截面数据研究发现，数字经济发展能够促进创新能力的提升。申明浩等（2022）利用2011—2019年我国A股上市公司的样本数据研究发现，数字经济发展能够显著提升企业内部创新和合作创新的绩效，而且对企业内部创新的促进作用更加显著。

4.效率方面

Myovella等（2020）研究发现，经济增长的主要驱动力在于数字化，它不仅能够减少交易成本，而且能够提高劳动和资本的生产率。杨慧梅和江璐（2021）通过实证研究发现，数字经济能够促进全要素生产率[①]。邱子迅和周亚虹（2021）基于我国城市面板数据的实证研究发现，大数据试验区的建立显著提升地区全要素生产率，而且这种促进作用是由纯技术进步主导的[②]。杜传忠和张远（2021）利用2015—2018年我国A股上市公司匹配数据和城市数字经济指数数据研究发现，数字经济与企业生产率之间是一种“倒U形”关系，但数字经济对企业生产率的影响在考察期内起到主要的、积极的促进作用。梁琦等（2021）通过实证研究发现，数字经济的发展对城市的生态效率具有显著的促进作用[③]。肖远飞和姜瑶（2021）利用2005—2018年我国30个省（区、市）的面板数据研究发现，数字经济能够显著提高我国工业绿色生产效率，而这也能够通过人力资本的提升、产业结构的升级、市场化进程的加速来有效提高我国工业绿色生产效率。王开科等（2020）利用投入产出数据研究发现，数字经济能够改善生产效率。程文先和钱学锋（2021）利用2007—2016年我国相关数据研究发现，数字经济能

① 杨慧梅，江璐．数字经济、空间效应与全要素生产率［J］．统计研究，2021（04）：3-15.

② 邱子迅，周亚虹．数字经济发展与地区全要素生产率：基于国家级大数据综合试验区的分析［J］．财经研究，2021（07）：4-17.

③ 梁琦，肖素萍，李梦欣．数字经济发展提升了城市生态效率吗？基于产业结构升级视角［J］．经济问题探索，2021（06）：82-92.

够促进我国工业绿色全要素生产率[①]。

5. 经济发展方面

Honohan（2004）研究发现，数字经济能够促进国家经济发展。Tranos等（2020）研究发现，数字经济发展推动生产率提高，从而促进经济发展。杨文溥（2021）通过实证研究发现，数字经济与区域经济增长是一种非线性关系。张少华和陈治（2021）利用2010—2019年中国省级面板数据研究发现，数字经济对区域经济增长起到推动作用，数字经济在低分位数上对区域经济增长的影响大且显著性强，而在高分位数上对区域经济增长的影响小且显著性弱。方福前和田鸽（2021）利用城市层面和CFPS的相关数据研究发现，数字经济的发展对提高微观个体经济收益的总量以及提高全社会的平均收入水平都具有重要的促进作用。张勋和谭莹（2019）研究发现，数字经济能够推动经济增长。宁朝山（2020）通过实证研究发现，数字经济显著推动经济高质量发展。张腾等（2021）研究结果表明，数字经济对我国经济高质量发展起着显著的正向促进作用，同时数字经济对我国东部地区和西部地区的经济高质量发展都能起到显著的正向促进作用。张蕴萍等（2021）利用2008—2019年我国30个省（区、市）的相关数据研究发现，数字经济对经济高质量发展起到一定的推动作用。

三、简要评述

在这一节中，通过回顾与梳理数字经济方面的相关文献，发现已有研究主要集中在两个方面。具体而言：一是数字经济的内涵与数字经济的影响因素；二是数字经济的测度与数字经济的实证分析。在数字经济的内涵方面，现有文献主要从测量，产出，要素、条件、路径、目标，经济形态等视角展开研究。在数字经济的影响因素方面，现有文献主要从政府行为、区块链、产业结构、经济外向度、经济发展水平、人力资本、科技创新、城镇化、平台治理等视角展开研究。在数字经济的测度方面，现有文献主要从单变量衡量指标和多变量综合衡量指标体系两种方法展开研究。在数字经济的实证分析方面，现有文献主要从产业结构优化、就业、创新、效

① 程文先，钱学锋．数字经济与中国工业绿色全要素生产率增长［J］．经济问题探索，2021（08）：124-140.

率、经济发展等视角展开研究。

虽然目前关于数字经济的相关研究成果较多，但是本书在上述文献中发现了其存在的一些局限性：（1）现有文献对于数字经济的内涵研究较多，然而对数字经济的统计测度尚未达成一致，因而无法确切地评价数字经济对经济发展的贡献；（2）现有文献对于数字经济的影响因素研究较少，所以在测度数字经济时可能会出现偏差；（3）现有文献对于数字经济的测度研究尚未形成统一的标准，从而对我国如何借助数字经济测度以加强数字经济管理带来新的挑战；（4）现有文献将数字经济与民生福祉两者结合起来进行实证分析的研究相对不多。

第二节　经济高质量发展的相关研究

目前，学者们关于经济高质量发展的相关研究主要集中在以下两个方面：一是经济高质量发展内涵及影响因素的相关研究；二是经济高质量发展测度及实证分析的相关研究。

一、经济高质量发展内涵及影响因素的相关研究

（一）经济高质量发展的内涵

经济高质量发展反映在方方面面，所以它涉及的内容极其丰富。目前，学者们在经济高质量发展的内涵上并没有达成一致的认识。其中，对经济高质量发展内涵的认识可以总结为以下三个方面：

1.基于效率、公平、可持续发展视角的解释

经济高质量发展的目标可以从发展质量的高低、发展效率的大小、发展的可持续性、发展的公平性等方面体现出来，况且它也是新时代经济发展战略的主要方向和根本原则（洪银兴等，2018）。在社会经济发展过程中，经济高质量发展是必然结果，它既是对新阶段提出的要求，也是效率、公平、可持续发展的重要表现。其中，投资较小而实现的利益最大就是效率。而效率的提高离不开创新，如技术创新、制度创新等。技术创新旨在较大限度地提升各要素的资金投入，完成收益最大化；制度创新旨在合理

地激发各要素，获得较大的收益，而这是通过最低限度的消耗来实现的。公平主要体现在收入分配、标准、机会等，且必须在经济高质量发展中得到体现，它要保证有限资源的公平分配和代际公平的统一。因此，经济高质量发展是以效率、公平、可持续的方式而实现的发展（金碚，2018；张军扩等，2019）。

2.基于宏观、中观、微观视角的解释

经济高质量发展可以通过供需平衡得以反映，这是基于宏观视角的理解，而供需平衡的实现是经济发展的最佳状态。其中，量的相等和结构的相互匹配都是供需平衡所需要的。它的原因是供给取决于需求、受需求指引，而需求通过供给得到满足，并且产生新需求（丁任重，2016）。供给结构与需求结构之间相互作用、相互制约，从而实现动态平衡。从中观视角来看，经济高质量发展的关键在于行业和区域发展的质量，而产业发展的质量可以通过诸多方面得到体现，如利益在发展过程中如何实现共享、资源在生产过程中如何实现消耗、生产力空间如何实现布局、产业结构如何实现层次性和合理性。就微观视角而言，经济高质量发展反映的是产品与服务的质量，这是一国人民日常生活质量的重要体现，也是经济社会发展质量的重要体现，更是增加人民幸福感、满足感的必经之路，还是经济高质量发展的主要任务（程虹和李丹丹，2014）。社会生产力水平不断提高、生活质量不断提升和社会结构不断优化，这些都是经济高质量发展的主要特征，所以经济高质量发展应实现两个辩证统一，即个体技能与个人素质全面发展的辩证统一、个体经济发展与社会经济发展的辩证统一（吕守军和代政，2019）。人的多层次需求可以在经济高质量发展中得到满足，它为人们带来的产品和服务都是高质量的，这不仅达到人的基本需求，还必须确保公平公正，从而为人的自我价值的实现提供基本标准（赵剑波等，2019）。

3.基于五大发展理念视角的解释

经济高质量发展的指导方向是五大发展理念，即创新、协调、绿色、开放、共享，而且人民日益增长的美好生活需要可以得到很好的满足，资源配置效率不断提升，生产要素投入不断减少，资源环境成本不断降低，社会效益与经济效益都逐渐攀升的可持续发展（王永昌和尹江燕，2019）。五大发展理念是经济高质量发展的根本遵循，它实现的是这样的一种发展：全要素生产率不断提高，经济发展呈现生态性、内生性、可持续性，而这些是在社会再生产过程中以四个环节的相互协同的方式来达到的，具体表现在消费、交换、分配、生产。经济高质量发展是一种高层次形态，它可以实现经济跨越式发展（田秋生，2018）。因此，经济高质量发展离不开五大发展理念这个重要原则（洪银兴，2019）。

（二）经济高质量发展的影响因素

在对经济高质量发展内涵进行准确把握的基础上，部分学者尝试讨论影响经济高质量发展的因素。当前，现有文献围绕人力资本、产业结构、创新、基础设施投资、人口老龄化等方面对经济高质量发展的影响因素进行研究。

1.国外研究

Bradbury 和 Reilly（2018）认为，经济增长受财政制度改革的影响。Wang 和 Shi（2018）认为，结构性改革对经济的可持续发展产生促进作用。Braun（1993）、Williamson（1965）、Brulhart 和 Sbergami（2009）认为，人口集聚能够对经济增长产生影响。Borensztein 等（1998）认为，FDI 影响经济增长。North（1990）认为，有效的市场机制能够促进经济繁荣。Fan 等（2012）、Falcetti 等（2002）认为，要素市场化能够促进经济增长，而且它是通过要素替代弹性的增加来实现的。Arcand 和 Berkese（2015）认为，金融发展影响经济增长。Acemoglu 和 Restrepo（2018）认为，新型基础设施比传统基础设施对经济增长产生的影响更大。Saint（1992）、Diamond（1965）认为，地方政府债务影响经济增长。Crafts（2009）认为，交通基础设施对经济增长产生间接影响，而且这种间接影响是通过生产率和总产出来实现的。Li 和 Dong（2021）认为，工业企业绿色技术创新、绿色投资以及碳减排都能够显著提升经济高质量发展水平。Frolov 等（2015）认为，影响经济高质量发展的关键要素是经济增长率。Agbola（2014）认为，劳动力影响经济高质量发展。Niebel（2018）认为，通信技术影响经济高质量发展。Ghosh（2017）认为，金融全球化对经济高质量发展产生影响。Posner

（2009）认为，预算规则的弱化对推动经济高质量发展产生影响。Nijaki和Worrel（2003）认为，投资创新、产业扶持等影响经济高质量发展。Chavas（2004）认为，环境影响经济高质量发展。Ebru等（2002）认为，提高环境标准有利于生产率的快速增长，从而有利于经济高质量发展。Grossman和Krueger（1995）认为，环境污染会对经济高质量发展产生影响。Ghaffary-fard和Sadeghi（2013）、Weingast（2006）认为，财政分权会对经济高质量发展产生影响。Asongu和Nwachukwu（2017）认为，经济高质量发展与外部环境因素有关。

2.国内研究

陶新宇等（2017）指出，合成的经济结构指数与经济增长呈现“倒U形”曲线关系[①]。茹少峰等（2018）认为，人力资本、产业结构、研发投入等是我国经济高质量发展的重要影响因素。辜胜阻等（2018）认为，在新时代中国经济可持续发展的动力在于创新驱动，然而当前某些方面的因素对经济高质量发展水平的提升起到抑制作用，它可以从不完善的科技成果产权激励机制、投入不足的基础研究领域、后劲不足的创新驱动、不健全的财税支持创新体系等方面得到反映[②]。苏剑和陈阳（2019）认为，经济高质量发展的实现方式主要在于产品创新。刘国斌和宋瑾泽（2019）认为，影响我国经济高质量发展的主要因素包括较大的经济差距、不协调的产业结构、不均等的公共服务供给，所以应通过一些方式以促进经济高质量发展，比如市场机制、社会组织参与、科技创新、政府制度供给等。曾胜（2019）认为，经济高质量发展的影响因素有五个，它们分别是经济因素、结构因素、技术因素、人口因素、政策因素等。赵丽霞和阿拉腾额古乐（2019）指出，新时代对经济结构低端约束加以打破是我国经济高质量发展的重要轨道，对不同产业的聚合质量不断提高，高质量建设中的创新要素不断激活，而且构建关键发展路径，这种路径的主流模式是提高科技创新能力，以达到优化资源配置的目的，从而促使人们的高层次需求能够得到

① 陶新宇，靳涛，杨伊婧．“东亚模式”的启迪与中国经济增长“结构之谜”的揭示［J］．经济研究，2017（11）：43-58.

② 辜胜阻，吴华君，吴沁沁，等．创新驱动与核心技术突破是高质量发展的基石［J］．中国软科学，2018（10）：9-18.

更好的满足。吴婷和易明（2019）认为，地区匹配、结构互补、产业匹配、部门匹配在各区域对技术效率和经济高质量发展的作用效果不同。张治河等（2019）认为，在资源与环境问题日益严重，加之我国的人口红利优势渐渐减少的背景下，经济高质量发展必须进行转变，具体表现为从原来的生态破坏、投资驱动、资源消耗型发展向现在的创新要素驱动转变。潘雅茹和罗良文（2020）指出，经济高质量发展随着基础设施投资的变化而变化。何冬梅和刘鹏（2020）认为，人口老龄化对经济高质量发展产生影响。卢现祥（2020）认为，要素市场化改革在推动经济高质量发展的过程中起到关键作用①。贺大兴和王静（2020）认为，经济体的营商环境影响经济高质量发展②。

二、经济高质量发展测度及实证分析的相关研究

（一）经济高质量发展的测度

在探析经济高质量发展的内涵与影响因素之后，学者们开始对经济高质量发展的测度进行研究，从而使得它与其他变量之间的关系更加明晰。当前，在经济高质量发展测度方面的相关文献较为丰富，但是尚未达成共识。在对经济高质量发展进行测度时，主要采用单变量衡量指标和多变量综合衡量指标体系两种方法。

1.单变量衡量指标

当前，有些学者采用单变量衡量指标对经济高质量发展水平进行测度。这些单变量衡量指标主要包括全要素生产率、绿色全要素生产率、经济高质量发展指数、经济增长质量、经济增长数量、劳动生产率等。

贺晓宇和沈坤荣（2018）利用全要素生产率来衡量经济高质量发展水平。上官绪明和葛斌华（2020）、刘建民和薛妍（2021）等利用绿色全要素生产率来衡量经济高质量发展水平。陈诗一和陈登科（2018）、范庆泉等（2020）等利用劳动生产率来衡量经济高质量发展水平。王群勇和陆凤芝

① 卢现祥.论产权制度、要素市场与高质量发展［J］.经济纵横，2020（01）：65-73，2.

② 贺大兴，王静.营商环境与经济高质量发展：指标体系与实证研究［J］.上海经济研究，2018（06）：25-34.

(2018) 分别利用人均实际GDP表征的经济增长数量和全要素生产率表征的经济增长质量来衡量经济高质量发展水平。方大春和马为彪（2019）利用经济高质量发展指数来衡量经济高质量发展水平。

2.多变量综合衡量指标体系

“经济高质量发展”这一概念的提出时间不久，所以指标体系的构建还处在探索时期。有些学者尝试构建的经济高质量发展水平评价指标体系主要从目标与内涵的视角进行探讨，然而在整体上中国并未产生形成具有社会共识的评价指标体系。本书将先梳理不同阶段的社会发展指标体系，然后在此基础上对近些年通过构建指标体系测度经济高质量发展水平的相关文献进行综述。

（1）不同阶段的社会发展指标体系。

2000年以后，我国政府提出了在不同阶段的战略性发展规划。经济高质量发展是对党的发展理念的一次继承，所以应对社会发展指标体系进行延续，从而形成经济高质量发展的指标体系。对评价指标体系的演化脉络进行梳理，在一定程度上可以为后续这方面的研究提供重要的启示意义。

2002年10月，学者们开始讨论衡量全面建设小康社会。陈友华（2004）从经济、生活、社会着手，构建全面建设小康社会的评价指标体系[①]。随之，全面建设小康社会的内涵在党的十六大、十七大、十八大都得到了丰富，并且从五个方面（即经济、民主、文化、社会、生态）等作了规定要求，学者们开始逐渐测度全面建设小康社会的实现程度。

2004年9月，党的十六届四中全会提出“构建社会主义和谐社会”，这个时候产生了一个更有价值的重要问题，那就是如何度量和谐社会建设程度。于是，齐心和梅松（2007）构建的和谐社会评价指标体系又加入了主观指标，如社会信任度、人际友爱度、社会发展乐观度等[②]。

2012年11月17日至11月23日，党的十八大统筹“五位一体”总体布局。因此，以这五个大方向为着力点是现有研究在进行构建指标体系时的共性，而这个阶段的创新点可以从两个方面得到体现，即对指标类型进行

① 陈友华．全面小康社会建设评价指标体系研究［J］．社会学研究，2004（01）：90-98.

② 齐心，梅松．大城市和谐社会评价指标体系的构建与应用［J］．统计研究，2007（07）：17-21.

创新、对研究范围进行拓展。周永道等（2018）构建综合评价指标体系对不同地区的政治生态、社会经济等方面的情况进行具体度量。李旭辉（2019）构建经济社会发展绩效评价指标体系，对“十二五”期间我国经济社会发展的现实情况进行衡量。

综上可知，相应的指标体系随着经济发展水平和发展理念的不断提升而产生越来越复杂的变化，它具体表现在评价重点和研究范围上，即从评价重点来看，以往是对经济发展的规模和速度进行衡量，而现在是对经济发展的质量和效率进行衡量；从研究范围来看，最开始的指标体系是经济发展指标，后来的指标体系涵盖生态指标、文化指标、社会指标、政治指标，最后的指标体系加入了主观指标。随着理论研究的不断完善，指标体系的基本框架逐渐稳定下来，之后主要从创新指标类型和创新研究范围等方面进行研究。

（2）经济高质量发展指标体系。

随着“经济高质量发展”这一概念的提出，关于经济高质量发展的测度问题已经被愈来愈多的学者们加以关注。目前，学者们主要从以下六个方面对经济高质量发展指标体系进行研究。

第一，侧重于考察经济结构的合理性。魏敏和李书昊（2018）构建包括基础设施、产品服务、创新驱动、经济结构、市场机制、经济增长等方面的经济高质量发展水平测度体系来衡量经济高质量发展水平。李光龙和范贤贤（2019）构建包括经济增长结构、经济增长成果、经济增长动能等方面的经济高质量发展指标体系来衡量经济高质量发展水平。

第二，侧重于考察经济效率。马茹等（2019）构建包括对外开放、发展效率、经济运行、高质量需求、高质量供给5个一级指标，创新能力、人才供给、动能转换、消费水平、消费升级、城镇化进程、资本产出效率、人力资本贡献率、生态能源效率、增长质量、安全稳定、产业升级、风险防范、对外贸易、利用外资等指标体系来衡量经济高质量发展水平。韩峰等（2020）构建包括环境污染、发展效率、消费投资结构、产业结构、创新能力、人力资本等方面的指标体系来衡量经济高质量发展水平。

第三，侧重于考察经济增长的可持续性和人民福利水平。钞小静和任保平（2011）从资源利用和生态环境代价、经济增长的结构、福利变化与成果分配、经济增长的稳定性来衡量经济高质量发展水平。马轶群和史安娜（2012）从经济增长的方式、协调性、可持续性、结果、稳定性等五个方面入手，构建评价指标体系来衡量经济高质量发展水平。

第四，侧重于考察经济基本面和社会发展。Mlachila等（2014）从社会成果与增长基础入手，构建包括经济多样化、教育水平、经济外向强度、经济强度、国民健康程度、经济波动性等指标的指标体系来衡量经济高质量发展水平。师博和任保平（2018）从社会成果与增长的基本面两个层面入手，构建经济高质量发展指标体系来衡量经济高质量发展水平。

第五，侧重于考察五大发展理念。詹新宇和崔培培（2016）根据五大发展理念构建指标体系来衡量经济高质量发展水平[①]。魏蓉蓉（2019）基于五大发展理念构建包括环境污染、资源消耗、金融开放度、外资开放度、城乡协调、绿色财富等指标的经济高质量发展综合指标体系来衡量经济高质量发展水平。胡雪萍和许佩（2020）基于五大发展理念构建包括专利申请、研发经费支出、教育设施、医疗设施、公路设施、外贸依存度、工业废水减排贡献、二氧化硫减排贡献、金融机构援助、政府间援助等指标的经济高质量发展指标体系来衡量经济高质量发展水平[②]。

第六，综合考察经济、社会、生态的发展质量。师博和张冰瑶（2019）构建包括发展的生态成果、社会成果、基本面的指标体系来衡量经济高质量发展水平。田鑫（2020）构建包括GDP增速、GDP结构、对外开放程度、经济创新、城市绿化、空气质量、节能环保、人民收入、社会保障、教育投资等指标的指标体系来衡量经济高质量发展水平。

（二）经济高质量发展的实证分析

经济高质量发展具有非常重要的研究意义和研究价值，这一点被越来越多的学者们所认可。于是，学者们开始对经济高质量发展的实证分析进行研究。当前，现有文献主要从产业集聚、科技创新、环境规制、财政分权、人口老龄化、投资、区域一体化等方面对经济高质量发展的实证分析

① 詹新宇，崔培培．中国省际经济增长质量的测度与评价：基于“五大发展理念”的实证分析［J］．财政研究，2016（08）：40-53，39.

② 胡雪萍，许佩．FDI质量特征对中国经济高质量发展的影响研究［J］．国际贸易问题，2020（10）：31-50.

展开研究。

1.产业集聚方面

黄庆华等（2020）通过实证研究发现，产业集聚推进长江经济带沿线地区经济高质量发展[①]。郭新茹和陈天宇（2021）选择2013—2017年我国30个省份的面板数据研究发现，文化产业集聚对经济高质量发展具有异质性的影响，也就是说东、中、西三大地区的文化产业集聚对经济高质量发展的影响过程和影响方向不同。李太平和顾宇南（2021）采用2007—2016年长江经济带九个省两个市的面板数据研究发现，战略性新兴产业集聚显著促进了长江经济带的经济高质量发展。谢会强等（2021）通过实证研究发现，高技术产业集聚与经济高质量发展之间的关系呈现出波浪形的特点。文江雪等（2021）使用2010—2018年我国25个规模以上的港口的面板数据研究发现，临港产业集聚对经济高质量发展既有促进作用，也有抑制作用。

2.科技创新方面

贾洪文等（2021）利用2008—2017年我国30个省份的面板数据研究发现，科技创新能够显著地促进经济高质量发展，而且科技创新会通过影响产业结构升级而间接对经济高质量发展产生促进作用。孙艺璇等（2021）采用2001—2018年我国30个省（区、市）面板数据研究发现，科技创新对中国经济高质量发展的驱动作用显著。华坚和胡金昕（2019）通过实证研究发现，科技创新与经济高质量发展两者之间实现了协调发展。陈章喜和颛孙冠华（2021）通过实证研究发现，科技创新与经济高质量发展的协调发展已经基本达到。魏巍等（2020）利用2013—2017年我国30个省份的面板数据研究发现，虽然科技创新和经济高质量发展之间相互协调，然而它仍然具有较大的提升空间。

3.环境规制方面

何文海和张永姣（2021）利用长江经济带11省市2009—2018年面板数据研究发现，环境规制和经济高质量发展之间存在着非线性的关系。陈浩和罗力菲（2021）通过实证研究发现，环境规制对经济高质量发展具有显

① 黄庆华，时培豪，胡江峰．产业集聚与经济高质量发展：长江经济带107个地级市例证［J］．改革，2020（01）：87-99.

著且稳定的促进作用，而且环境规制与经济高质量发展之间存在“倒U形”动态规律。薛莲和黄永明（2021）利用2000—2016年长江经济带11省市的面板数据研究发现，环境规制对长江经济带各省市经济高质量发展的影响呈现出“倒U形”曲线关系。王群勇和陆凤芝（2018）研究发现，环境规制与经济高质量发展之间的关系存在着非线性特征。郭春雨和潘采伟（2021）使用2005—2017年太湖流域两省地级及以上城市的面板数据研究发现，环境规制显著促进部分城市的经济高质量发展①。高志刚等（2022）利用新疆14个地州市2000—2019年的面板数据研究发现，新疆环境规制能够促进经济高质量发展。

4.财政分权方面

张腾等（2021）研究发现，财政分权能够显著促进我国经济高质量发展。吴云勇和王炳峰（2021）通过实证研究发现，财政分权促进整体经济高质量发展。刘建民和薛妍（2021）通过实证研究发现，中国现行的财政分权会抑制经济高质量发展。张瑞等（2020）利用2005—2017年我国黄河流域69个地级市的面板数据研究发现，财政支出分权、财政收入分权对黄河流域经济高质量发展的影响分别是促进与抑制作用。侯世英和宋良荣（2020）利用2008—2017年我国省际面板数据研究发现，财政分权对经济高质量发展产生影响，而且它们之间的影响存在着区域异质性。

5.人口老龄化方面

符建华和曹晓晨（2021）通过实证研究发现，人口老龄化推动我国经济高质量发展。刘成坤和林明裕（2020）通过实证研究发现，人口老龄化促进经济高质量发展。闫海春（2020）利用2000—2017年内蒙古的时间序列数据研究发现，人口老龄化对民族地区经济高质量发展起着推动作用②。李翠妮等（2022）研究发现，人口老龄化对经济高质量发展具有非线性的影响效应。曹聪灵等（2022）利用2006—2019年我国省级面板数据研究发现，人口老龄化对经济高质量发展的正向促进作用可能会随着人口老龄化

① 郭春雨，潘采伟. 环境规制对区域经济高质量发展的影响：基于双重差分法的实证研究［J］. 生态经济，2021（10）：153-163.

② 闫海春. 促进还是抑制？人口老龄化对经济高质量发展的影响：基于内蒙古自治区的实证研究［J］. 湖北民族大学学报（哲学社会科学版），2020（02）：60-67.

的变化而降低。

6.投资方面

汪丽娟等（2019）通过实证研究发现，中国与OECD国家（经济合作与发展组织国家）的双向FDI（外商直接投资）对中国经济高质量发展水平的提高产生技术溢出效应，而且还存在显著的时滞性和区域差异性。曾胜和张明龙（2021）采用2003—2019年我国省级区域面板数据研究发现，绿色投资与经济高质量发展之间存在着非线性的关系。张海艳（2021）利用2009—2018年黄河流经的59个地级市面板数据研究发现，外商直接投资能够促进沿黄河经济带整体的经济高质量发展。李强和朱宝清（2019）利用1978—2018年我国29个省（区、市）的面板数据研究发现，应该鼓励高质量的投资和有效的投资，经济高质量发展并不会弱化投资，只有那些高耗能高污染的投资才应该被弱化。

7.区域一体化方面

黄文和张羽瑶（2019）利用2007—2016年我国长江经济带111个城市的面板数据研究发现，无论是长江经济带整体还是长江经济带的上游、中游、下游，区域一体化都会促进城市经济高质量发展。张跃等（2021）利用1994—2016年我国地级市面板数据研究发现，区域一体化能够提高长三角城市群经济高质量发展①。陈喜强和邓丽（2019）基于面板数据研究发现，政府主导的区域一体化对经济高质量发展起到积极的促进作用。韩雅清等（2021）利用2010—2018年我国30个省级面板数据研究发现，京津冀区域一体化对经济高质量发展具有显著的正向作用。

三、简要评述

在这一节中，通过回顾与梳理经济高质量发展的相关文献，发现已有研究主要集中在两个方面。具体而言：一是经济高质量发展的内涵与经济高质量发展的影响因素；二是经济高质量发展的测度与经济高质量发展的实证分析。在经济高质量发展的内涵方面，现有文献主要从效率、公平、

① 张跃，刘莉，黄帅金.区域一体化促进了城市群经济高质量发展吗：基于长三角城市经济协调会的准自然实验［J］.科学学研究，2021（01）：63-72.

可持续发展，宏观、中观、微观，五大发展理念等视角展开研究。在经济高质量发展的影响因素方面，现有文献主要从产业结构、人力资本、创新、基础设施投资、人口老龄化等视角展开研究。在经济高质量发展的测度方面，现有文献主要从单变量衡量指标和多变量综合衡量指标体系两种方法展开研究。在经济高质量发展的实证分析方面，现有文献主要从产业集聚、科技创新、环境规制、财政分权、人口老龄化、投资、区域一体化等视角展开研究。

虽然目前经济高质量发展的相关研究成果较多，然而在梳理上述文献时发现仍存在一些局限性：（1）现有文献虽然已经对经济高质量发展进行了相关的探讨，但是在经济高质量发展的内涵上并没有形成一致的意见，而且也尚未系统地阐述经济高质量发展的理论框架；（2）现有文献虽然已经测度了经济高质量发展水平，但是由于对经济高质量发展内涵的认识还不一致，所以指标体系无法进行可比性研究，这也是制约研究科学性与可信性的重要因素；（3）现有文献的研究层面还不够充分，即将微观企业、中观产业、宏观经济综合起来进行的研究较少。

第三节　数字经济与城市经济高质量发展的相关研究

近来，随着数字经济的快速发展，数字经济与城市经济高质量发展之间的关系受到了学者们的广泛关注。在这一节中，通过对数字经济与城市经济高质量发展的相关文献进行回顾和梳理发现，现有研究主要从城市数字经济的相关研究、城市经济高质量发展的相关研究、数字经济对城市经济高质量发展影响的相关研究等方面展开分析，以期明晰现有文献在以上这些方面的相关观点，从而为本书的后续研究奠定重要的文献基础。

一、城市数字经济的相关研究

目前，现有文献主要从理论和实证两个角度探讨城市数字经济。

在理论研究方面，学者们主要从城市建设、城市管理、产业发展等视角对城市数字经济进行分析。周锦和王廷信（2021）认为，数字经济下的文化旅游融合创新发展可以推动城市文化产业和旅游业的高质量发展。荆林波（2021）认为，数字经济发展能够促进韧性城市建设[①]。张洁梅和唐冰辛（2020）认为，在数字经济时代，我国城市进行精细化管理的主要目的集中在三个方面，即城市居民的幸福感得以增加，城市发展过程中的突出问题得以解决，科学的精细化管理体系得以构建。朱文晶（2021）认为，基于信息通信技术的网络和城市网络具有的地理属性加快了数字经济与城市空间的网络趋势。丁亮等（2021）认为，数字经济是未来产业转型的重要标志，而且单极化、更加不平衡是浙江省城市群的发展趋势。

在实证研究方面，学者们从不同视角考察城市数字经济的影响。朱金鹤和孙红雪（2021）研究发现，数字经济对城市经济韧性起到显著的促进作用[②]。赵滨元（2021）通过实证研究发现，数字经济对本地城市和周边城市的创新绩效都起到正向促进作用[③]。李广昊和周小亮（2021）利用2005—2018年我国城市面板数据研究发现，数字经济发展能够显著降低主要环境污染物如SO_2的排放量，而且这种“治污效应”具有明显的“厚积薄发”特征。姜南等（2021）利用2011—2018年中国地级市的面板数据研究发现，数字经济和区域创新发展是知识产权保护影响区域创业活跃度的重要中介机制。马勇等（2021）利用我国中部地区82个地级市的截面数据研究发现，数字经济对中部地区实体经济的影响存在着“门槛效应”[④]。徐维祥等（2022）通过实证研究发现，数字经济的发展显著改善了城市碳排放，而且这种影响效应存在着明显的空间异质性。邓荣荣和张翱祥（2022）利用2011—2018年中国285个城市的面板数据研究发现，数字经济发展能够促使城市各类环境污染物的排放量不断减少，然而数字经济发展对不同环境污染物的降低效应有所差异，即对工业SO_2排放量的降低效应最明显，工业废水和工业烟尘排放量的降低效应次之，对PM2.5浓度的降低效应最小。

① 荆林波．韧性城市的理论内涵、运行逻辑及其在数字经济背景下的新机遇［J］．贵州社会科学，2021（01）：108-115.

② 朱金鹤，孙红雪．数字经济是否提升了城市经济韧性？［J］．现代经济探讨，2021（10）：1-13.

③ 赵滨元．数字经济对区域创新绩效及其空间溢出效应的影响［J］．科技进步与对策，2021（14）：37-44.

④ 马勇，王慧，夏天添．数字经济对中部地区实体经济的挤出效应研究［J］．江西社会科学，2021（10）：48-57.

二、城市经济高质量发展的相关研究

新时代城市经济高质量发展对于我国区域经济发展水平的提升，乃至强国战略的实现都具有至关重要的作用。目前，现有文献主要从实证研究方面对城市经济高质量发展的相关研究进行讨论。

孙学涛（2021）利用2004—2018年中国281个城市的数据研究发现，产业结构高级化与城市经济高质量发展水平之间存在着显著的“U形”关系。周科选和余林徽（2021）利用2009—2018年我国250个城市层面的数据研究发现，知识产权示范城市试点能够有效地促进中国城市经济高质量发展，而且它的实现渠道主要是营商环境和技术创新等。张亚峰等（2021）利用2011—2017年山东省17个地级市的面板数据研究发现，环境规制与城市经济高质量发展之间是一种非线性关系。王振华等（2020）利用2007—2015年中国285个地级及以上城市的面板数据研究发现，城市间交通可达性的提升能够促进城市经济高质量发展，但是它的作用路径不同。徐盈之和顾沛（2020）通过实证研究发现，迫于晋升压力的地方官员可能会抑制城市经济高质量发展，这是因为生产要素市场的行为在传统的经济绩效考核观下被扭曲。吕炜和邵娇（2020）通过实证研究发现，转移支付会抑制城市经济高质量发展。

三、数字经济对城市经济高质量发展影响的相关研究

目前，在数字经济对城市经济高质量发展影响的相关文献方面已经取得了一定的研究成果。它主要是从实证研究方面就数字经济对城市经济高质量发展的影响进行讨论。

赵涛等（2020）研究发现，数字经济对城市经济高质量发展具有正向作用，而且它们之间关系的重要机制就是激发大众创业。汤旖璆（2020）通过实证研究发现，智慧城市建设能够助推城市经济高质量发展。鲁玉秀等（2021）采用2003—2018年中国284个地级市的平衡面板数据研究发现，数字经济发展对本地城市或邻近城市经济高质量发展都起到一定的促进作用。李宗显和杨千帆（2021）通过实证研究发现，数字经济发展推动城市经济高质量发展。宋跃刚和郝夏珍（2022）利用2011—2019年黄河流域57

个地级市的面板数据研究发现，数字经济能够显著提高黄河流域的城市经济高质量发展水平，并且这种推动作用存在着“边际效应”非线性递增的趋势。

四、简要评述

在这一节中，通过回顾与梳理数字经济与城市经济高质量发展的相关文献，发现已有研究主要集中在三个方面，即城市数字经济、城市经济高质量发展、数字经济对城市经济高质量发展的影响。对于城市数字经济的相关研究，现有文献主要从理论研究与实证研究两个方面展开讨论。对于城市经济高质量发展的相关研究，现有文献主要集中在实证研究方面。对于数字经济对城市经济高质量发展影响的相关研究，现有文献主要从实证研究方面展开讨论。

虽然目前关于数字经济与城市经济高质量发展的相关研究已经取得一定的研究成果，但是在梳理上述文献中发现了一些研究的局限性：（1）现有文献关于城市数字经济的相关研究大多数从中观层面进行分析，并未进一步地从微观与宏观两个层面对其进行更加系统且深入的分析；（2）现有文献关于城市经济高质量发展的相关研究主要集中在实证研究方面，缺乏对城市经济高质量发展的理论研究，也就是说它还存在一定的拓展空间；（3）现有文献关于数字经济对城市经济高质量发展影响的相关研究较少涉及数字经济对城市经济高质量发展影响的理论分析，即主要从实证研究方面对其展开讨论，而就数字经济对城市经济高质量发展影响的理论分析框架有待进一步探索和深化。

本章小结

这一章主要回顾和梳理与本书研究相关的文献，一方面能够为本书的研究提供创新的研究视角，另一方面也能够为本书的写作思路提供启发和借鉴。

第一，从数字经济的相关研究来看，已有研究主要从两个方面对其进行分析，即数字经济的内涵与影响因素、数字经济的测度与实证分析。在数字经济的内涵方面，现有文献主要从测量，产出，要素、条件、路径、目标，经济形态等视角展开研究。在数字经济的影响因素方面，现有文献主要从经济发展水平、经济外向度、产业结构、区块链、政府行为、人力资本、科技创新、城镇化、平台治理等视角展开研究。在数字经济的测度方面，现有文献主要从单变量衡量指标和多变量综合衡量指标体系两种方法展开研究。在数字经济的实证分析方面，现有文献主要从经济发展、效率、创新、就业、产业结构优化等视角展开研究。

第二，从经济高质量发展的相关研究来看，已有研究主要从两个方面对其进行分析，即经济高质量发展的内涵与影响因素、经济高质量发展的测度与实证分析。在经济高质量发展的内涵方面，现有文献主要从效率、公平、可持续发展，宏观、中观、微观，五大发展理念等视角展开研究。在经济高质量发展的影响因素方面，现有文献主要从产业结构、人力资本、创新、基础设施投资、人口老龄化等视角展开研究。在经济高质量发展的测度方面，现有文献主要从单变量衡量指标和多变量综合衡量指标体系两种方法展开研究。在经济高质量发展的实证分析方面，现有文献主要从区域一体化、投资、人口老龄化、财政分权、环境规制、科技创新、产业集聚等视角展开研究。

第三，从数字经济与城市经济高质量发展的相关研究来看，已有研究主要从三个方面对其进行分析，即城市数字经济、城市经济高质量发展、数字经济对城市经济高质量发展的影响。对于城市数字经济的相关研究，现有文献主要从理论研究与实证研究两个方面展开讨论。对于城市经济高质量发展的相关研究，现有文献主要从实证研究方面展开讨论。对于数字经济对城市经济高质量发展影响的相关研究，现有文献主要从实证研究方面展开讨论。

基于以上分析，本书认为，尽管现有文献对数字经济、城市经济高质量发展、数字经济与城市经济高质量发展之间的关系等方面进行了相关研究，但是仍然存在一些不足之处。具体而言：（1）在数字经济的相关研究方面，现有文献对于数字经济的内涵研究已经相对成熟，但是在数字经济的测度上还没有形成共识；现有文献对于数字经济的影响因素的研究较少，这样使得在测度数字经济时可能造成偏差；现有文献对于数字经济的测度尚未形成统一的标准，从而对中国如何借助数字经济测度以加强数字经济管理带来新的挑战；现有文献关于数字经济与民生福祉的实证分析还相对不多。（2）在经济高质量发展的相关研究方面，现有文献虽然对经济高质量发展进行了理论探讨，但是目前对经济高质量发展的内涵并未形成共识，也没有文献对经济高质量发展的理论分析框架进行系统阐述；现有文献对经济高质量发展水平进行了测度，但是因为经济高质量发展的内涵不够清晰，导致指标体系彼此之间无法进行可比性研究，这也是制约研究科学性与可信性的重要因素；现有文献研究层面还不够充分，即将微观企业、中观产业、宏观经济综合起来进行的研究较少。（3）在数字经济与城市经济高质量发展的相关研究方面，现有文献关于城市数字经济的相关研究大多数从中观层面进行分析，并未进一步地从微观与宏观两个层面对其进行更加系统且深入的分析；现有文献关于城市经济高质量发展的相关研究主要集中在实证研究方面，而对其进行的理论研究较少；现有文献关于数字经济对城市经济高质量发展影响的相关研究较少对其进行理论分析，主要是从实证研究方面对其展开讨论，因而就数字经济对城市经济高质量发展影响的理论分析框架有待进一步探索和深化。

鉴于此，本书尝试从城市层面研究数字经济对城市经济高质量发展的影响效应，并在此基础上，以期为中国制定相关政策提供经验参考和启示性建议。

第二章　数字经济对城市经济高质量发展影响的理论分析

在这一章中，主要围绕数字经济的特征、数字经济与城市经济高质量发展的契合性、数字经济对城市经济高质量发展的影响效应等方面展开研究。在此基础上，构建相应的理论分析框架，进一步提出相应的研究假设，以期为后文的实证分析提供一定的理论依据。

第一节　数字经济的特征

数字经济的独特性取决于信息的属性，与土地、石油等传统的生产要素相比，它们之间的差别非常大。知识的转化取决于很多的信息积累，而不断积累的信息促使它所获得的使用价值变得更高。信息规模越大，经济收益也就越大。因而，数字经济主要表现出边际收益随信息规模的提高而递增的特性。为此，本书借鉴宋洋（2019）的研究成果，总结出数字经济的特征：高成长性、强扩散性、降成本性。

一、高成长性

在数字经济中，信息是它的关键生产要素，它随着信息规模的增加而呈现出的趋势是边际收益递增。所以，拥有的信息量越大，获得的单位投资回报就会越多，这促使数字经济具有自然的扩大倾向[①]。2011年全球数据总量实现了1.8 ZB，这是从国际数据公司的调查数据中得到的[②]。2015年全球数据总量达到了8.6 ZB，2017年全球数据总量又提高到了21.6 ZB。2017年全球数据总量和2011年全球数据总量相比，前者是后者的12倍。现今全

① 梅特卡夫效应就是网络价值与节点数量的平方成正比，这表明了数字经济的这一特性。

② 1 ZB大约等于十万亿亿个字节。

球数据总量呈现出的增长速度较为平稳，每年的增长率约为40%（易宪容等，2019），远高于全球GDP的实际增长率。到2025年，全球数据总量预计达到175 ZB①。与此同时，对于数字经济中具有竞争力的初创企业来说，相较传统企业更容易获得高速发展，从而促使市场上涌现出一些新企业和新业态。此外，信息技术行业的经营规模非常大，为了更好地扩张产业链，必须增加更多的资金投入。也就是说，数字经济快速发展的同时也会带动产业经济的发展。实际上，在互联网行业中，很多的小型企业成长较快，并且它们的重组更迭也在不断加快，最终实现了整个行业的迅速发展。

二、强扩散性

数字经济是一种新型的经济形态，它的基础要素是信息，它能够运用信息技术把在传统经济中所产生的信息加以处理，从而达到数字经济与传统经济相互融合的目的。数字经济与传统经济之间必须相互融合起来，因为这是新时代经济高质量发展的重要逻辑。实际上，伴随着移动互联网和数据采集的日益发展，这一融合过程愈来愈便捷，数字经济对传统经济的扩散效应已经有所提高。与此同时，信息技术在渗透到传统经济的过程中，根据智能化系统的不断加强和优化，促使数字经济在行业竞争条件下快速实现与传统生产过程相结合，以期促使数字经济的扩散效应持续地实现强化效果。加之再把数字经济的产品与服务运用于传统经济的发展过程中，传统经济领域必须进行革新和改造，这些投资将会根据扩散效应进一步地推动全社会的总供给，提升经济发展的活力。数字经济能够打破原来的经济边界，跨越时空的障碍，实现自由流动和交互，也能够促使产业的扩张和发展。此外，数字经济的发展需要持续地进行大规模的研发投入，这促使产业要提高创新能力，同时技术创新的扩散效应较强，这些为数字经济向其他传统产业扩散与融合提供了潜在动力，而且这种扩散与融合方式还促进了传统产业知识密度的提升，这也从一个侧面上再次论证了数字经济能够提升生产效率的观点（王娟，2019）。

① 根据希捷科技赞助、国际数据公司（IDC）发布的最新白皮书《数据时代2025》预测分析得到。

三、降成本性

数字经济具有的降成本性这一主要特征取决于信息的边际收益递增。一方面，数字经济的“规模经济效应”[①]较强。信息之间的相互作用关系在信息的价值来源中占有很大一部分，信息量越大，数字经济的规模经济效应就越强。另一方面，数字经济的“范围经济效应”[②]较强。生产制造、市场销售等产品环节非常容易造成范围经济效应，而数字经济在信息查询和数据统计层面获得了很大的技术进步，比如将传统经济发展过程中的其他产品联结在一起，虽然这些产品所具备的关联性并不突出，但是从整体上增强了范围经济效应。与此同时，也促使大量的小众产品能够与热门产品一样被消费者轻易获取，从而出现了销售市场中的“长尾效应”（江小涓，2017）。长尾效应在自然界和社会生活中普遍存在。长尾效应与互联网、电子商务紧密联系在一起，主要原因是信息技术和互联网的发展能够促使产品与服务的信息到达用户的平均成本降到极低值。强调个性化是长尾效应的根本表现。此外，数字经济促使经济发展运行中的交易成本明显降低，这是由于信息不对称是产生交易成本的关键缘故。搜集和处理很多的信息是数字经济优点的反映，全部经济发展运行中的交易成本将伴随着数字经济渗透到经济体系的各个领域里再慢慢降低。例如贵州省的“货满满”，将互联网大数据、云服务平台、移动互联网运用于货运物流，完成全国各地货品和大货车的精确配对，降低物流企业的交易成本。数字经济的发展在很大程度上减少了传统经济的交易成本，促使经济活动的范围不断扩大，降低了资源配置成本。在错综复杂的全产业链互联网平台中，应用数字化多媒体系统和移动互联网等当代信息技术，可以大大地降低信息成本、谈判成本、时间成本等有关的交易成本。总之，管理成本和物流成本都能够降低，进而实现资源配置效率的提高。

① 规模经济效应是生产规模在一定产量范围内扩大而长期平均成本下降的现象。

② 范围经济效应是由该企业在同一时间提供多方面的产品或服务诱发的有关费用比由该企业生产的每一个产品或服务引起的成本较低的现象。

第二节　数字经济与城市经济高质量发展的契合性

人工智能作为全球新一轮科技革命和产业变革的核心力量，促使数字经济与城市经济高质量发展的内在要求高度契合，而且它是影响经济结构和生产效率的重要因素。为此，本书借鉴杨佩卿（2020）、何枭吟和成天婷（2021）的研究成果，将数字经济与城市经济高质量发展的契合性概括为以下几个方面：发展数字经济是推动城市产业结构升级的关键环节，发展数字经济是推动城市经济增长动力转化的重要驱动，发展数字经济是推动城市经济转向创新驱动的核心力量，发展数字经济是推动城市绿色可持续发展的有效途径。

一、发展数字经济是推动城市产业结构升级的关键环节

数字经济能够促使城市传统产业的生产方式不断改变，而且促使它逐渐转变为智能个性化的生产模式。城市传统产业能够实现智能个性化的生产模式，这种生产模式是凭借数字技术与智能设备来实现的，它对生产效率和资源利用率的提高都起到显著的正向促进作用。为了让用户的多种需求得到满足，企业要细分产品和市场，促使生产更加差异化、个性化，这个过程对企业的生产需求和自身活力都起到一定的刺激作用。数字经济对城市传统产业内部流程的再造起到促进作用，以期更好地适应外部环境。数字经济能够促使城市产业组织方式不断改变，城市产业创新能力也能够不断提高。数字经济根据可持续发展的原则重新构建城市产业绿色生态体系，促使城市产业活力和产业创新能力都能够被激发出来，从而推动城市传统产业变革。与此同时，数字经济可以促使城市新兴产业的不断涌现和壮大，这些城市新兴产业与互联网之间具有高度关联性，从而促使城市产业结构调整和升级的步伐越来越快。数字技术的快速发展能够促使城市产业加以细分，进一步地对城市产业重组的周期进行不断缩减，不同城市的产业融合渗透速度不断加快，逐渐形成新业态和新商业模式，对更多的差异化、个性化的产品和服务进行创新，推进城市产业结构转型升级。数字经济的创新能力和渗透能力都很强，这些能够推动城市传统产业数字化转

型，从而推动城市产业结构升级（梁琦等，2021）。此外，随着数字技术的不断创新与应用，城市产业链的融合不断加快，从而推动城市产业结构调整升级。

二、发展数字经济是推动城市经济转向创新驱动的核心力量

数字技术推动实体经济的发展，加速城市的数字化结合，实现它们之间的最佳组合，优化和提高组合效率。企业的市场竞争加剧，效率不高的企业会被效率较高的企业所淘汰，因而效率对企业而言尤为重要，从而使得数字经济能够激发城市创新效率（缪陆军等，2022）。对数字技术进行不断创新，可促使智能化水平得以提升，促使创新效率得以改善。新一代信息技术持续加强和突破，如云计算、大数据等，使得城市智能个性化的生产模式不断演进升级，数字经济迅速崛起，同时数字技术形成强大的创新活力，促使数字经济成为我国经济高质量发展的重要新引擎。虽然大量的物力、人力、财力的投资能够为创新活动提供重要的支撑，但是它耗费的时间较长，沉没成本较高，风险较大，数字经济的发展不仅会产生规模经济，降低研发成本，还会促进技术的吸收，提高再创新的速度，从而提升城市研发创新效率。此外，随着在线支付、人工智能以及电子商务等用户规模的不断扩大，前期数字基础设施投入的边际成本不断下降，尤其是当数字经济的发展渗透到整个上下游供应链的时候，相关市场之间开始相互融合，规模经济表现得更加明显，整个社会的收益上升，企业的盈利能力提高。与此同时，盈利能力的提高为城市企业的研发创新提供了充足的资金支持。因此，随着数字经济的蓬勃发展，在分摊研发成本的同时也提高了企业的盈利能力，为城市创新活动的顺利开展提供了资金支持，从而有效地激发了城市创新效率。

三、发展数字经济是推动城市经济增长动力转化的重要驱动

数字经济对城市经济活力发挥着重要的激励作用，从而改变原来的城市经济增长动力。在数字技术的持续发展和逐渐更新的过程中，数字经济助推我国城市经济增长的作用越来越明显。数字经济存在更大的开放式管理体系和技术性服务平台，拥有更密切、更广泛的网络和资源。伴随着数

据设备的不断应用，网络平台之间的协作不但更加开放和对等，而且它们中间的联结变得更加顺畅和高效。与此同时，数字经济能够促进城市制造业企业实现数字化转型升级（廖信林和杨正源，2021）。城市传统制造业企业拥有的创新空间巨大，这是通过应用新型工业系统来实现的。依靠数字技术如区块链、大数据、云计算、人工智能等，促使城市制造业企业在产品开发模式、销售模式、生产模式等发展模式上实现连续的改造。例如，通过构建一体化的平台，制造业企业把产品的生产制造、订单处理和物流等放进一个数据系统，实现城市的数字化转型升级。全球客户的自身需求都可以凭借这个平台来实现，可以直接与制造商进行沟通和协商，省略复杂的中间环节，减少了不必要的中间代理成本。此外，对制造业企业的管理体系加以引导，并且对数据要素和传统要素、信息技术、工业技术等进行有效利用，可推进各个环节的综合集成和系统创新，从而为城市制造业企业实现数字化转型升级夯实基础。

四、发展数字经济是推动城市绿色可持续发展的有效途径

伴随着数字技术的不断创新和应用，促使城市资源利用率大幅度提升，从而避免了不必要的资源消耗。数字经济作为一种新的经济形态，尤其需要良好的发展环境作为支撑。数字经济的“去物质化”在社会经济活动中能够起到的作用在于促使消耗的物质越来越少，进而减少资源消耗（韦施威等，2022）。与此同时，数字经济与其他产业的融合可以带来更大的节能效果。具体来说，传统经济以自然要素作为它的生产要素，不仅使得不必要的资源消耗增加，而且也促使生态环境不断恶化。数字经济的发展以绿色生态发展为主导，调节即时资源供给，降低资源消耗，减轻生态环境的破坏，这些符合城市经济高质量发展的核心理念。由此可见，数字经济的发展特点合乎城市经济高质量发展，且数字经济成为实现城市经济高质量发展的必然选择。此外，绿色生态发展是一种更具活力和竞争力、更可持续的发展方式，它将构成一个全新的、完整的绿色产业体系，这可能会成为下一个消费、创新和增长热点。也就是说，对新一代数字技术如人工智能、区块链、大数据等进行充分运用，能够促使企业的成本减少和收益增加，资源有效利用率不断提高，赋能城市产业绿色生态发展。所以，数字

经济能够全方位赋能城市产业资源配置，为城市实体经济的发展带来新的前景。

第三节 数字经济对城市经济高质量发展的影响效应

数字经济在我国城市经济高质量发展的过程中发挥着无可替代的重要作用，这是因为数字经济现已成为实现我国城市经济高质量发展的新活力。数字技术在数字经济的发展背景下连续不断地出现，这些数字技术的重要标志包括人工智能、物联网、大数据等，促使整个范围的互联和深度运算得以创造性地开拓，而且它的实现过程是人到机到物再到机到物到人，消费和生产领域也都蕴含在内。数字技术的融合渗透促使新产业、新模式、新业态的出现，技术进步、管理专业化、制度创新等也会随之而来，有助于全要素生产率的提升，从而推动城市经济高质量发展。综合借鉴张蕴萍等（2021）、杨慧梅和江璐（2021）、邱子迅和周亚虹（2021）、李宗显和杨千帆（2021）、师博（2020）、郑嘉琳和徐文华（2020）、汤旖璆（2020）、杨文溥（2022）、葛和平和吴福象（2021）、左鹏飞和陈静（2021）、荆文君和孙宝文（2019）、李辉（2019）、韩文龙（2021）、赵涛等（2020）、王娟（2019）、宋洋（2020）、鲁玉秀等（2021）、任保平和李培伟（2022）的研究成果，本书认为，数字经济对城市经济高质量发展的影响效应可以通过两个方面展开研究，分别是总体效应和中介效应。数字经济对城市经济高质量发展的中介效应主要表现在数字经济通过人力资本、技术创新、产业结构升级这三个中介变量而对城市经济高质量发展产生影响。

一、数字经济对城市经济高质量发展影响的总体效应

新的生产要素和劳动、资本、企业家才能等要素的融合，能够对传统的流动性相对较弱的生产要素起到重构作用，那些新的生产要素的知识、智力密集型程度更高，比如信息、数据等。一方面，它能够提高传统经济的知识密度；另一方面，它能够促使传统要素的生产效率得到提高。与此同时，在数字经济时代下，企业某些方面的变化是由于使用数字技术而带来的，这些变化涉及其参与主体、协调机制、业务流程、组织模式等，尤

其是组织模式的变化。这种组织模式的变化具有柔性化、扁平化、网络化等特点，可导致供给结构与需求结构之间的灵活性与适应性不断提高，加强与企业内部以及上中下游企业的通信网络和业务流程协作，提升要素配置和使用效率。生产模式的制定和创新，可以实现产品差异化，使得企业根据对顾客大数据的分析，实现更合理的价格差异，降低企业之间的市场竞争。这类转变的市场竞争条件对生产制造前端的自主创新动机或非生产制造前端的自主创新动机的影响不一样，对技术效率和技术进步的影响也不一样。此外，数字经济不同于传统经济，它是基于高技术的深度影响所带来的经济发展运行方式的变化。它的资源配置方式会发生重大的调整，促使效率变得更高。数字经济带来的资源配置效率较高是因为它会改变人们的交易方式，而交易方式在经济活动中显得至关重要。交易不仅可以转移风险，还可以提高整个经济发展运行的韧性。数字经济改变了信息的生产方式、信息的处理能力，促使社会效率得到大幅度提高。同时，它也会促使社会变得更加透明，促使信息的传递更加公平和流畅。

综上所述，数字经济的扩散性很强，能够加快市场要素的流动，加剧市场主体之间的竞争，调整和升级产业结构，提高企业的生产效率和管理效率；与此同时，数字经济的成长性也很强，这代表着可以把数据运用到各个环节中，比如消费、流通、分配、生产等，能够有效发挥数据这一关键生产要素对其他生产要素的作用，提高全要素生产率，从而促使城市经济高质量发展得以推进。

二、数字经济对城市经济高质量发展影响的中介效应

（一）数字经济、人力资本与城市经济高质量发展

在数字经济背景下，对人力资本的需求已经从“量”向“质”转化，劳动力要根据市场状况而改变，增加人力资本价值。宣传教育信息也需要数字经济以及相关产业发展中的技术，改善劳动力的技能结构、知识结构、学历结构，扩大教育资源，提升劳动生产率，以期推动城市经济高质量发展。

1.数字经济对人力资本的影响

在当前的经济发展阶段，创新、新知识和信息系统不断涌现，数字技术在社会和经济发展所有领域中的渗透已经形成了对作为新经济形态的数字经济的新理解。近年来，学者们用“数字经济”这一概念来描述在现代条件下所观察到的现象，并且发现人力资本是数字经济背景下国家经济发展的关键因素。特别关注的是发展原则与所有领域普遍认可的标准的趋同问题，以确保在与发达国家的竞争中占据一定地位。其中，人力资本形成问题的紧迫性表现在：在现代文明社会中，如果没有受过良好的教育和掌握熟练技能的劳动力，一个国家的经济就无法繁荣发展。未来的关键特征之一就是数字技术，这不仅是由技术进步所决定的，也是由人力资本水平的高低所决定的，特别是由高等职业教育水平的高低所决定的。众所周知，整个社会受过高等教育的人数越多，则经济发展就越快、越有效率。我国的教育模式、企业发展与发达国家相比还有一定的差距，这些对我国经济的发展已经构成了重要挑战。所以，必须从经济发展层面去解决人力资本及其水平问题，使其有效地融入国民经济和社会发展体系，为进一步发展奠定良好的基础。一般而言，各种质量因素都被包括在人力资本的范畴之内，它们是主体人拥有的体力、技能、知识等，而其中的知识必须具备经济价值的属性。与此同时，人力资本就是数字经济所带来的最根本变化。为此，这些高素质人才所获得的工资呈现出的变化趋势是持续上升，甚至在具备创造力的高素质人才身上表现得更加突出，从而加大了对其进行股权激励的力度。总而言之，未来可能会出现人力资本的回报不断增加的现象，而且在全社会财富中那些有创造力的高素质人才所占的比重可能会随之上升（李梦娜和周云波，2022）。人力资本的不断提高代表的不是其掌握的资源、地位、身份，而是人的才能更能得到重视。如果一个社会对人力资本更加重视，而并非对“资本”更加重视，则这个社会就更能够实现民主化、理性化、平等化。与此同时，人力资本是第一资源，数字经济的发展对人力资本提出了更高更新的要求。随着数字经济的快速发展，传统生产方式面临了一些新的挑战，这些是新生产方式、新产业、新技术所带来的结果。它可以从两个方面得到体现，即缺少具有专业素质与职业技能的人才和淘汰大量的简单劳动力。所以，在数字经济下，对人力资本的需求要实现一种转变，即从“量”到“质”的变化，今后必须将人力资本的数量和人力资本的质量结合起来，统筹兼顾二者的合理发展。此外，生产、生活等各个方面已经与数字经济的发展紧密联结，人们要跟上时代的脚步，与时代潮流相适应，加强学习，不断提高自身的综合能力和素质。劳动力的市场模式和劳动力的就业模式受到数字经济发展的深刻影响，推动人们为了增强自身的能力水平而去参加各种培训、网络学习等，这样能够使得被取代的可能性变小。数字经济能够实现生产要素供给有限性的突破，促使全要素生产率得以持续攀升，让数字产业化实现快速发展的同时也能不断推进产业数字化的发展，致使产业结构产生变化，进一步使得社会在数字经济领域人才方面的需求逐渐增多，当然对人力资本的需求也会有一定的区别。所以，从整体上看，数字经济的发展对人力资本产生一定的影响。

2.人力资本对城市经济高质量发展的影响

经济学家普遍认为，人力资本对经济增长具有显著的影响。这一思想体系认为，劳动的质量和数量决定生产，因为它是生产要素。提高人力资本的质量会产生与决策相关的隐性收入，这对投资、创新和其他增长机会具有显著的积极影响。国家的财富和活力最终取决于人的发展以及他们的精力和才能的有效投入。现代化的积极推动者是人，因为只有人才能积累资本、开发自然资源、建立政治和社会组织。人力资本积累作为经济增长和经济发展的引擎这一重要性已在研究中得到广泛认可。如果没有对人力资本的大量投资，任何国家都无法实现持续的经济发展。那些受过高等教育的人（如科学家和技术人员）在理解新的或现有的想法并将其应用于生产过程方面似乎更具有优势。如果没有充分的人力资本开发，任何国家都不会出现显著的经济增长。事实上，人是一个国家最宝贵的资产，科学地安排这些资产对于人类发展至关重要。有缺陷的激励机制会导致人力资本的浪费、更高的贫困发生率和更严重的收入分配不平等。科学地利用现有资源是不够的，我们还必须通过人力资本形成来增加现有资源。人力资本发展被描述为发展的目标，这是通过扩大人的能力来发挥人的潜力的一种方式，这也意味着赋予人的权力，使其能够积极地参与自己的发展。因此，人力资本发展是以人而不是以商品或生产为中心的发展战略。本质上，它是使人们能够确定自己的优先事项并实施对其直接有益的计划和项目，这反过来又意味着人们要积极地参与自身发展过程，因此需要建立允许并确实鼓励这种参与的机构。与此同时，在经济问题研究中，自始至终贯穿于其中的一个关键内容就是对人力资本和经济增长之间的关系进行研究。人力资本“量”即代表人力资本存量，而人力资本“质”代表人力资本结构。所以，人力资本结构造成了城市经济高质量发展水平的差异。此外，在经济增长的过程中，创新作为一种动力对城市经济高质量发展起到一定的推动作用。可是，人是创新活动的关键，因为一个国家要实现高质量的创新是需要充足的人力资本储备作为支撑的。所以，提高人力资本积累水平是驱动一个国家经济高质量发展的核心因素（刘成坤和林明裕，2020）。具体来说，就人力资本数量对城市经济高质量发展的影响而言，劳动者的整体素质会随着国民人均受教育程度的提高而增强，这一方面能够对企业的劳动生产率起到一定的推动作用；另一方面，它促使产业类型产生一些变化，即原来是劳动和资本密集型，而现在是技术和知识密集型。就人力资本质量对城市经济高质量发展的影响而言，提高人力资本质量代表着受过高等教育的从业者规模逐渐扩大，相比那些仅受过初等教育或中等教育的从业者所得到的劳动生产率和创新能力更高，促使整个社会的创新能力不断提高。所以，我国的高素质劳动力占比呈现出不断提高的趋势，从而推动城市经济高质量发展。

（二）数字经济、技术创新与城市经济高质量发展

知识、信息及其当代互联网信息技术所产生的技术进步，不但保证了社会生产所需要的诸多现代高端技术，这些高端技术涉及人工智能技术、云计算技术、大数据技术等，而且也为企业的经营发展带来了至关重要的信息保障，促使其不断出现新模式、新产业、新业态，推动城市经济高质量发展。

1.数字经济对技术创新的影响

在数字经济背景下，产业、业态和模式受数字经济的影响而产生变革，它们能够为创新活动提供新的发展路径和可行空间，它所具备的核心功能

在于对创新进行激励。具体来说，数字经济能够实现技术创新，而且是效率较高、成本较低、资源消耗较少的技术创新。随着数字基础设施的不断完善，创新次数逐渐增加，生产方式变革逐渐优化，产业的生产效能和反应速度大大提高，并且在数字基础设施建设不断完善的过程中创造出新价值。数字经济能够更好地协调资源环境和经济发展二者之间的关系，而经济发展的关键在于技术创新，以此来引导数字经济的发展。在数字经济快速发展的时候，市场信息变得更加透明化。企业、投资者、科研机构等之间信息交流越来越多，使得企业进行技术创新的风险减小。特别重要的是企业和终端消费者之间的交流，使得企业搜集具有创意的信息更加便捷，可以更好地把握市场需求。数字技术的广泛运用让消费者得到的信息优势更多，使得企业渐渐地失去主导地位，从而促使它在产品开发和服务等方面的竞争愈发激烈，而企业之间的竞争能够对我国的技术研发活动产生一定的推动作用。与此同时，现代产业发展的主要动力来源于科技创新与互联网的紧密联结，通过两者之间的联结促使新产业、新技术、新商业模式不断形成。具体表现在：社群团体在产品设计中处于决定性地位；企业和许多消费者能够直接联结起来，而这是通过互联网来实现的；跨界合作逐渐变成一种新趋势。在不同领域中的企业步入新产业以后，能够为新行业提供知识与技术，使得原行业和新行业在知识与技术上实现碰撞和融合，从而促进技术创新。此外，从定义上讲，数字经济可以分为产业层次、商业模式层次、信息技术与经济社会发展之间深度融合层次。事实上，这三个层次的相同之处是数字经济可以根据新的通用技术，在不一样的层级上推动着传统产业和经济的发展。对于第一层次，数字经济对经济体的生产能力产生直接影响，这是利用信息化产品来实现的，可以称之为数字经济的“直接效应”。对于第二层次和第三层次，数字经济能够对经济发展起到一定的拉动作用，这是根据加强经济发展子系统之间的联结高效率来完成的，可以称之为数字经济的“间接效应”。数字经济对传统产业中的诸多环节产生重要影响，让市场供需环节实现高效联结，加快实现产业数字化转型，这一转型能够产生更多的技术创新需求，也能够让技术创新的活力持续维持。数字经济促使经济发展的垄断权演化为非垄断性的共同所有权，创建各种各样的新经济发展模式，推动具备更强发展前景的互联网产业的涌现，促使越来越多的人能够参与其中，也能够支撑创新创意资源数据共享平台的发展，增加创业机会（卫玲，2020），从而有助于技术创新。

2.技术创新对城市经济高质量发展的影响

在城市经济高质量发展的过程中，技术创新处在第一动力的地位。技术创新可以划分成两个时期，第一个时期是技术研发，第二个时期是成果转化。经济的创新发展依赖高素质的技术创新人才，利用技术交易平台和教育平台掌握自主知识产权和创造市场价值。在数字经济背景下，它的重要议题是发展不平衡、不充分、不协调。新技术的应用催生出新行业，这在某种程度上对就业机会的增加起到促进作用。技术创新能够实现经济效益与社会效益。与此同时，主张企业凭借自身优势走出去，力争在全球价值链中占据重要地位，通过利用技术创新能够加快产品贸易的升级，增强产业的国际竞争力。技术创新本质上是一种公共品，借助知识的溢出与扩散，能够增加社会福利，促进经济共享发展。技术创新凭借生产力的发展，提高企业的盈利能力与生产效率，减少生产成本，扩大经济生产活动的范围。在技术创新对城市经济高质量发展产生影响的时候，要对需求结构、要素结构、产业结构、供给结构等进行不断优化，实现资源和环境的协调发展，提高社会公平，实现经济、社会、生态之间的均衡发展，从而达到城市经济高质量发展的目标（范柏乃等，2021）。城市经济高质量发展依托技术创新的两个关键在于：一是优化资源配置；二是提高全要素生产率。技术创新有助于经济发展方式的转变，从而加快实现经济结构优化升级。推动城市经济高质量发展就必须进行结构优化，而结构优化的实现取决于技术创新在其中发挥的影响，从而促使经济发展的效益得到不断增加的同时，经济发展的质量也得到不断提高。技术创新有助于激发企业的销售市场潜力和自主创新能力，进而推动新的突破点，尤其是高新产业的快速发展。技术创新推动城市经济高质量发展，表现在单独产品的研发、设计方案的创建、生产制造的统筹，产生以战略新兴产业为核心、以高端装备制造为引导的现代化产业链管理体系。此外，技术创新有助于产品和服务的高质量供给。众所周知，人类发展历史经过的阶段是原始社会到农业社会到工业社会到信息社会，在经历这些阶段之后，技术性的发展有三个关键特点，即在产业发展的过程中利用技术创新和发明创造所使用的时间成本愈来愈小，科学技术与一体化的相互结合的发展趋势愈来愈强，技术性的发展促使供需更加凸显。所以，在客观上为产品和服务的高质量供给提供持续的服务支持、产品和服务供应标准，可推动城市经济高质量发展。

（三）数字经济、产业结构升级与城市经济高质量发展

数字经济的核心生产要素是数据，它拥有双重属性，即战略资源具有基础性、生产要素具有关键性。高效利用那些有价值的数据资源，并建立在对它们进行分析、挖掘、脱敏的基础之上，可对改变新产业、新模式、新业态起到极大的推动作用，从而促使产业结构升级不断加快。与此同时，数字经济能够提升传统产业数字化水平，推动城市经济高质量发展。

1.数字经济对产业结构升级的影响

在数字经济的发展过程中，重要依托在于对数字技术加以应用，主要动力在于信息技术的发展，对传统产业进行数字化改造，不断加快新兴产业的发展，推动产业结构的适当性调整。从微观上看，产业结构升级反映的是企业的转型升级，企业的生产效率不断提升，产业链升级的加快实现。从宏观上看，产业结构升级反映的是经济发展方式转变，利用技术创新来驱动经济发展。数字经济的快速发展促使新技术、新模式、新业态的不断形成，这对我国产业结构升级来说是机会也是挑战。利用数字经济中产生的新资源，可促使产业结构实现调整和升级，促使产业在国际上的竞争力得以不断增强，促使新兴产业的发展平台得以不断扩展，从而使得产业发展水平愈来愈高。也就是说，在利用数字技术加快推动传统产业发展的时候，新产业不断出现。产业结构升级需要数字经济提供的技术支持。数字经济其实是新一轮技术革命发展的产物，它能够带动技术创新和技术变革。数字经济的发展以新技术作为基石，技术进步能够优化产业结构和转变经济发展方式，从而促使新技术不断出现。物联网、人工智能、大数据等数字技术更新较快，这使得产业走向智能化、科技化、数字化。数字经济的发展能够实现产业结构的调整、优化、升级，这是因为数字经济提供了产业结构升级所需要的重要支持，那就是新发展模式（李治国等，2021；郭炳南等，2022）。与此同时，数字经济的发展能够为产业结构升级赋予内需

的支撑。当今，我国属于第一制造大国，人口数量，拥有的消费市场规模巨大，内需潜力较强。数字经济的发展促使新的消费热点和消费方式不断出现，从而加快消费的转型升级。产业结构升级离不开内需的作用，而内需也离不开数字经济的支撑，数字经济已经变成带动经济发展、加快产业结构升级的主要力量。数字经济的发展促使对消费模式进行创新，从而加快人们消费层级的提升，使经济增长过程中消费所处的基础性地位变得更加稳固，为新兴产业引导其发展方向，为产业结构升级起到一定的推动作用。此外，数字经济的发展能够为产业结构升级赋予产业政策的创新支撑。在数字经济背景下，产业发展的主要形式是知识密集型和技术密集型，而不是传统的劳动密集型，这就需要企业加强技术变革和技术创新，而且也需要产业政策的引导。在不同的经济发展阶段，国家的政策应该有所不同，必须与经济社会发展的新形势相适应。我国强调产业的发展，主张正确处理好市场与政府之间的关系，加快产业结构的优化和调整，鼓励发展先进制造业，促进我国产业实现中高端水平的发展。数字经济的发展会对产业组织方式产生制约作用，促使企业的创新能力得以持续攀升，促使企业特别是中小企业得到更多的生存和发展机会，而产业生态不断实现重组，激发了产业的活力和竞争力，推动产业变革，进而推动产业结构升级。

2.产业结构升级对城市经济高质量发展的影响

产业结构升级实现经济增长的方式主要包括增加产出与提高投入产出比。我国现在处于经济高质量发展的新阶段，在城市经济高质量发展的过程中，产业结构升级在其中的重要作用是毋庸置疑的。具体表现在：一方面，产业结构升级能够促使产出增加，从而对经济增长产生直接影响；另一方面，产业结构升级能够促使全要素生产率提升，从而扩大投入产出比。产业结构升级在本质上就是一种变化趋势，即它的形态由低级到高级转化。经济发展方式的改变也是由产业结构升级所带来的，即原来是要素驱动型发展方式，而现在是资金和技术密集型发展方式。当前，世界经济发展模式正在进行不断深化和调整，虽然我国的一些产业已经变成并跑者，甚至在一些产业上变成领跑者，但是从总体上来说，我国仍然处在全球价值链的中低端，面对发达国家高端压制的威胁，促使经济发展方式转变就是处理此问题的核心所在。一般来说，在经济发展的过程中，产出水平、质量水平、产业结构之间是相对应的。随着经济的日益发展，社会需求结构可能会逐渐发生改变，人们可能无法清楚地了解社会需求结构和社会供给结构，这时就需要调整产业结构，使社会资源在各单位、各行业的配置更加合理，进而推动企业的资源配置效率不断提升。与此同时，产业结构升级能够促进经济增长（李翔和邓峰，2019），而这是利用两种方式来达到的，即对产出进行扩大、对投入产出比进行提升。在我国经济发展的转型阶段，产业结构升级在其中发挥着至关重要的作用，它背后的原因在于经济发展转型阶段以产业结构升级为重要的基础与前提。为此，产业结构升级能够促使劳动生产率提升，经济发展方式不断转变，社会经济不断发展。另外，在市场经济的前提下，只有需求结构、要素结构和产业结构相互融合，才可以完成资源的改进配置和经济增长。此外，产业结构升级不仅可以直接促进一国或地区的经济发展，而且也可以推动一国或地区的经济发展方式转变。具体来说，根据生产要素的再次分配，可以完成生产要素从效率低的部门向效率高的部门的迁移，使资源流入最有效的地方以参加生产制造；协调各经济部门运作，推动资源要素在各经济部门实现更合理的配置，促使全要素生产率与产出效率都能得以攀升；在对经济结构进行不断改变的过程中，新产业、新技术应用、新机遇层出不穷，尤其是生产技术与智能技术的结合，为上中下游有关部门的协作运行摆脱了阻碍，推动了经济效率的提高。在社会发展的生产制造中，各产业链部门的资源提供存在着差别，促使不同的部门对资源的依靠和要求种类也会不同。产业结构升级可以提高各部门之间的资源利用率，持续减少经济发展运行中的各种矛盾，从而促使城市经济高质量发展。

总而言之，数字经济对城市经济高质量发展的影响效应可以从总体效应与中介效应两个方面进行详细分析。数字经济对城市经济高质量发展影响的中介效应是指，数字经济通过人力资本影响城市经济高质量发展、数字经济通过技术创新影响城市经济高质量发展、数字经济通过产业结构升级影响城市经济高质量发展。

基于上述分析，本书提出以下研究假设：

研究假设1：数字经济能够显著促进城市经济高质量发展，即数字经济对城市经济高质量发展具有显著的正向促进作用。

研究假设2：数字经济能够通过人力资本、技术创新、产业结构升级三个方面对城市经济高质量发展产生影响，即数字经济对城市经济高质量发展的影响具有中介效应。

本章小结

在这一章中，主要从三个方面阐述数字经济对城市经济高质量发展影响的理论分析。具体而言：第一，在数字经济的特征上，数字经济具有高成长性、强扩散性、降成本性等特征。第二，在数字经济与城市经济高质量发展的契合性上，它表现在发展数字经济是推动城市经济增长动力转化的重要驱动、发展数字经济是推动城市绿色可持续发展的有效途径、发展数字经济是推动城市经济转向创新驱动的核心力量、发展数字经济是推动城市产业结构升级的关键环节。第三，在数字经济对城市经济高质量发展的影响效应上，主要围绕两个方面进行详细分析，即总体效应和中介效应。其中，数字经济对城市经济高质量发展影响的总体效应即数字经济直接作用于城市经济高质量发展；数字经济对城市经济高质量发展影响的中介效应，即数字经济通过人力资本影响城市经济高质量发展、数字经济通过技术创新影响城市经济高质量发展、数字经济通过产业结构升级影响城市经济高质量发展。在此基础上，本书提出两个相应的研究假设。本章就数字经济对城市经济高质量发展影响的理论分析进行系统阐述，这在一定程度上可为后续实证分析提供重要的理论依据。

第三章　数字经济与城市经济高质量发展的测度与特征事实分析

在上一章中，本书已经就数字经济对城市经济高质量发展影响的理论分析进行了详细阐述，具体包括直接影响与间接影响。随后，本书要进一步地就数字经济对城市经济高质量发展的影响效应进行实证检验，然而在实证检验开始以前有必要测度数字经济和城市经济高质量发展。于是，在这种情况下，本章主要对数字经济与城市经济高质量发展的测度与特征事实进行分析，通过对它们的特征事实进行阐述，从而更加清晰和明确地把握我国数字经济与城市经济高质量发展的现实情况。同时，本书也对它们之间关系的拟合特征事实进行分析，以期为后续研究提供经验支持。

第一节　城市数字经济的测度

一、指标体系构建

学术界、政府有关部门等对客观测度数字经济进行了一定的有益探索。从总体来看，数字经济通常采用直接法与间接法这两种方法进行测度。其中，直接法测度的范围是一定区域，而间接法测度的范围是选定区域。这两种方法的测度结果是不同的，前者是一个绝对值，而后者是一个相对值。然而根据科学研究范畴和数据信息，对数字经济的测量方式、构建的指标体系也各不相同。当前，学者们在对数字经济进行测度时，并没有形成一个共识。而关于数字经济测度方面的相关文献的研究尺度主要围绕区域展开讨论，例如省际、国家、全球等。可是选择城市作为研究对象来对数字经济进行测度的相关文献较少。鉴于此，本书采用间接法即选取多项指标构建指标体系来测度中国城市数字经济，从而有助于分析中国城市数字经济的特征事实。具体来说，考虑到中国城市层面的面板数据中各数字经济指标数据的可获得性和相对完整性，本书借鉴赵涛等（2020）、邓荣荣和张翱祥（2022）的研究思路，主要从两个方面即互联网发展与数字金融发展来衡量中国城市数字经济发展水平。在城市层面的互联网发展方面，本书采用的衡量指标包括移动互联网用户数、互联网相关产出、互联网相关从业人员、互联网普及率（黄群慧等，2019）。在城市层面的数字金融发展方面，本书采用的衡量指标是数字金融普惠发展，利用数字普惠金融指数表征，而该指数的编制主体有2个。其中，一个是蚂蚁金服集团，另一个是北京大学数字金融研究中心（郭峰等，2020）。也就是说，综合借鉴赵涛等（2020）、朱金鹤和孙红雪（2021）、韩璐等（2021）、郭峰等（2020）的研究成果，本书从互联网发展和数字金融发展两个方面构建中国城市数字经济发展水平评价指标体系，具体包括5个指标，分别是数字金融普惠发展、移动互联网用户数、互联网相关从业人员、互联网普及率、互联网相关产出。其中，移动互联网用户数、互联网普及率可以反映城市数字经济发展的网络基础和普及情况；互联网相关产出可以反映城市数字经济发展的收益情况；互联网相关从业人员可以反映城市数字经济发展对相关产业的渗透力和融合度；数字金融普惠发展可以反映城市数字经济发展的数字金融情况。即这一指标体系对数字金融发展情况、数字经济发展的基础设施的保障、业务产出情况、人才需求等方面的情况进行了充分考虑，其中基础设施的保障意味着数字经济快速发展的良好基础在于互联网的建设。鉴于城市层面数据的可获得性和有限性，这一指标体系在某种程度上能够准确地测度中国城市数字经济发展水平。其中，它的指标选择如表3-1所示。

表3-1　中国城市数字经济发展水平评价指标体系

类别	分项指标	基础指标	指标属性
互联网发展	互联网普及率	每百人互联网用户数	+
	互联网相关从业人员	计算机服务和软件业从业人员占单位就业人员比重	+
	互联网相关产出	人均电信业务总量	+
	移动互联网用户数	每百人移动电话用户数	+
数字金融发展	数字金融普惠发展	数字普惠金融指数	+

二、测度方法选择

对于城市数字经济测度方法的选择，学者们所运用的方法可以划分成以下三类：

第一类是因子分析法（温珺等，2019）；第二类是主成分分析法（赵涛等，2020；韩璐等，2021；李宗显和杨千帆，2021；朱金鹤和孙红雪，2021；柏培文和喻理，2021）；第三类是熵值法（王玉，2021；鲁玉秀等，2021；刘传辉和杨志鹏，2021；梁琦等，2021；刘新智和孔芳霞，2021）。其中，因子分析法是能够将一些变量变成少数几个不相关的综合因子，这些变量不仅信息重叠，而且拥有错综复杂的关系的一种多元的统计分析方法。主成分分析法可以归类为数学变换方法，它是把原来许许多多的指标实行重新组合变成后来少数几个指标的综合指标，原先的指标具有一定的相关性，而后来的指标具有无关性，这种方法是通过降维的思想来实现的。因子分析法和主成分分析法都能够对指标权重赋值的主观性进行避免，然而，在实际运用中这两种方法还有一定的缺陷。因子分析法与主成分分析法的共性在于主变量都是通过少数几个变量反映出来的，然而在降维的过程中可能存在某些缺陷，比如原始变量的经济含义发生损失。熵值法能够对某个指标的离散程度加以识别。依据熵的特点测算熵，可以判断计划方案的偶然性、混乱度以及指标的离散度。为此，在对多指标进行综合评价时，可以利用信息熵达到效果。

从表 3-1 可以看出，中国城市数字经济的各维度与各分项指标之间也许存在一定的相关性，而且这个指标体系的组成部分是多维度、多分项的。根据以上分析，本书利用主成分分析法测算中国城市数字经济指数。具体来说，运用主成分分析法先对上面提到的五个分维度指标数据实行标准化处理，然后再实行降维，得到的测算结果即中国城市数字经济综合指数和分维度指数。

三、数据来源

数字经济的相关数据来源主要包括《中国城市统计年鉴》、各省（市、自治区）统计年鉴、各类公开数据、《北京大学数字普惠金融指数》等。本书的研究样本是2011—2019年中国284个地级及以上城市的面板数据。为了获取平衡面板数据，本书对岳阳、哈密、吐鲁番、那曲、山南、林芝、昌都、日喀则、儋州、三沙、海东、毕节、铜仁、巢湖、拉萨进行了剔除。同时，本书也链接了其他相关数据，然而并没有将襄阳这个城市从中剔除。此外，采用线性插值法处理缺失数据。其中，中国城市数字经济各变量描述性统计如表3-2所示。

具体而言，在互联网发展方面，每百人互联网用户数的均值是9931.0590，标准差是12205.4800，最小值是100，最大值是153517.4000；计算机服务和软件业从业人员占单位就业人员比重的均值是0.0135，标准差是0.0103，最小值是0.0009，最大值是0.1086；人均电信业务总量的均值是1263.2140，标准差是730.1925，最小值是40.7526，最大值是2525；每百人移动电话用户数的均值是46484.0300，标准差是50018.3000，最小值是3200，最大值是407600。在数字金融发展方面，数字普惠金融指数的均值是165.5536，标准差是65.4196，最小值是17.0200，最大值是321.6457。

表3-2　中国城市数字经济各变量描述性统计

基础指标	观测值	均值	标准差	最小值	最大值
每百人互联网用户数	2556	9931.0590	12205.4800	100	153517.4000
计算机服务和软件业从业人员占单位就业人员比重	2556	0.0135	0.0103	0.0009	0.1086
人均电信业务总量	2556	1263.2140	730.1925	40.7526	2525
每百人移动电话用户数	2556	46484.0300	50018.3000	3200	407600
数字普惠金融指数	2556	165.5536	65.4196	17.0200	321.6457

第二节　城市经济高质量发展的测度

一、指标体系构建

经济高质量发展是将量的增长与质的提高两者结合起来的一种具备多维度、多方位的综合内涵。经济发展“量”的增长和经济发展“质”的提高二者不同，经济增速是前者最直接的反映，而后者是对经济增长的优劣程度的反映（梁亚民，2002）。所以，如何对经济高质量发展的测度更加精确，从而能够对当前我国经济高质量发展的现实情况进行客观真实的反映，这是在研究经济发展相关问题时必须要考虑的重要内容。通过梳理和分析相关文献可知，在测度经济高质量发展时所达成的标准尚未一致，然而大体上可以划分为以下三类：单一指标、构成要素或内涵、五大发展理念。而选取第二类和第三类经济高质量发展的指标事实上就是多元综合衡量指标体系。对于经济高质量发展而言，多变量综合衡量指标体系比单一指标更加完备且准确。所以，本书应构建多变量综合衡量指标体系对其进行测度。习近平在党的十八届五中全会上对五大发展理念进行了深入阐述和解释，因而对经济高质量发展的整体进行完整地反映应以这五大发展理念为切入点，为此，本书将五大发展理念作为该指标体系的构建标准。从五大发展理念上说，经济发展的根本动力在于创新，而创新可以充分体现经济高质量发展的发展潜力；协调的首要侧重点是发展不平衡的问题，它关心的主要问题是各个层面之间的协调发展，例如产业、区域、城乡等；绿色强调的主要问题是人与自然的和谐发展，包含节约能源、保护生态环境等方面的内容，衡量经济是不是可以用较小的自然环境成本促进发展；开放可以体现经济的开放程度和参加全世界市场竞争的水平；共享可以展现的是在经济发展过程中所有社会成员所得到的幸福感，而且可以说明所有社会成员能不能共享我国及社会发展的福利。不难看出，五大发展理念是一个非常全方位的评价体系，因为它从经济、社会、自然环境等每个视角衡量经济高质量发展。

基于此，从我国现阶段的实际出发，结合中国城市数据的可获得性以及衡量的准确性，并且综合考虑到经济高质量发展的内涵以及五大发展理念，本书借鉴魏敏和李书昊（2018）、孙学涛（2021）、詹新宇和崔培培（2016）、杨卫丽等（2021）、马轶群和史安娜（2012）、钞小静和任保平（2011）、刘荣增和陈灿（2020）的研究思路，构建中国城市经济高质量发展水平评价指标体系。其中，它的指标选择如表3-3所示。

表 3-3　中国城市经济高质量发展水平评价指标体系

类别	分项指标	基础指标	指标属性
创新	创新投入	教育支出	+
		科学技术支出	+
	创新产出	单位GDP投入发明专利授权量	+
		全要素生产率	+
协调	城乡结构	城乡收入比	−
		城乡消费比	−
	产业结构	产业结构合理化	−
		产业结构高级化	+
	市际协调	地区与全国人均GDP之比	+
绿色	环境污染	废水排放	−
		废气排放	−
		固体废物排放	+
	环境保护	森林覆盖率	+
		建成区绿化覆盖率	+
开放	贸易依存度	外贸开放度	+
	外商投资	外资开放度	+
共享	收入	在岗职工平均工资	+
	消费支出	人均社会消费品零售总额	+
	医疗	人均医院、卫生院床位数	+
	师资	师生人数比	+

（一）分项指标设置

分项指标与方面维度息息相关，前者是后者的次级指标，而且前者是后者更加具体和细化的结果。本书设置的分项指标具体如下：

在创新维度上，本书参照魏敏和李书昊（2018）的做法，将其设定成两个指标，即创新投入和创新产出，这两个方面包括了创新发展的各方面内容。

在协调维度上，本书参照何兴邦（2018）的做法，将其设定成三个指标，即城乡结构、产业结构、市际协调，这三个方面完整考虑了协调所包括的内容。

在绿色维度上，本书参照孙学涛（2021）的做法，将其设定成两个指标，即环境污染和环境保护，这两个方面反映了绿色发展的实际情况。

在开放维度上，本书参照詹新宇和崔培培（2016）的做法，将其设定成两个指标，即贸易依存度和外商投资。

在共享维度上，本书参照孙学涛（2021）的做法，将其设定成四个指标，即师资、医疗、消费支出、收入。

（二）基础指标设置

基础指标与分项指标息息相关，前者是后者的次级指标，目的是将分项指标变成能够直接用数据计算得到的评价指标。本书设置的基础指标具体如下：

在创新投入的分项指标上，本书设置的基础指标是教育支出和科学技术支出。而它们的计算方法参照詹新宇和崔培培（2016）的研究，采用教育支出或科学技术支出占财政支出的比重来表示。

在创新产出的分项指标上，本书设置的基础指标是单位GDP投入发明专利授权量和全要素生产率。而单位GDP投入发明专利授权量的计算方法借鉴的是杨卫丽等（2021）的做法，采用专利授权量与GDP之比来表示；全要素生产率的计算方法借鉴的是邵明伟等（2018）的做法，采用基于DEA-Malmquist指数模型计算的全要素生产率指数来表示。

在城乡结构的分项指标上，本书设置的基础指标是城乡收入比和城乡消费比。而城乡收入比的计算方法借鉴的是陆铭和陈钊（2004）的做法，采用城镇居民收入占农村居民收入的比重来表示；城乡消费比的计算方法借鉴的是郭庆旺和吕冰洋（2012）的做法，采用城镇居民消费支出占农村居民消费支出的比重来表示。

在产业结构的分项指标上，本书设置的基础指标是产业结构合理化和产业结构高级化。而产业结构合理化的计算方法借鉴的是干春晖等（2011）的做法，选取泰尔指数来表示；产业结构高级化的计算方法借鉴的是沈冰和李鑫（2020）的做法，采用第三产业与第二产业的产值之比来表示。

在市际协调的分项指标上，本书设置的基础指标是地区与全国人均

GDP之比。而该基础指标参照詹新宇和崔培培（2016）的研究对其进行计算，采用地区占全国人均GDP的比重来表示。

在环境污染的分项指标上，本书设置固体废物排放、废气排放、废水排放等基础指标。而它们的计算方法借鉴的是孙学涛（2021）的做法，分别采用工业废水排放量与地区生产总值之比、工业二氧化硫排放量与地区生产总值之比、一般工业固体废物综合利用率来表示。

在环境保护的分项指标上，本书设置的基础指标是森林覆盖率和建成区绿化覆盖率。而它们的计算方法借鉴的是孙学涛（2021）的做法，分别采用城市绿地面积与行政区域面积之比、城市建成区绿化覆盖率来表示。

在贸易依存度的分项指标上，本书设置的基础指标是外贸开放度和外资开放度。而它们的计算方法参照李强和魏巍（2015）的研究，选取进出口总额或实际利用外商直接投资额占地区生产总值的比重来表示。

在收入的分项指标上，本书设置的基础指标是在岗职工平均工资。而它的计算方法借鉴的是乔俊峰和张春雷（2019）的做法，采用在岗职工工资总额与年末总人口之比来表示。

在消费支出的分项指标上，本书设置的基础指标是人均社会消费品零售总额。而它的计算方法借鉴的是姚维瀚和姚战琪（2021）的做法，采用社会消费品零售总额与年末总人口之比来表示。

在医疗的分项指标上，本书设置的基础指标是人均医院、卫生院床位数。而它的计算方法借鉴的是邓慧慧等（2013）的做法，采用医院、卫生院床位数与年末总人口之比来表示。

在师资的分项指标上，本书设置的基础指标是师生人数比。而它的计算方法借鉴的是孙学涛（2021）的做法，采用专任教师数与在校学生数之比来表示。

二、测度方法选择

当前，学者们在对城市经济高质量发展测度方法进行选择时，主要采用以下五类方法：第一类是主成分分析法（何雄浪和史世姣，2021；闫海春和齐红倩，2022）；第二类是熵值法（杨卫丽等，2021；宋跃刚和郝夏珍，2022）；第三类是由熵值法和均等赋权构成的组合赋权法（师博和何璐，2021；宫汝娜和张涛，2021）；第四类是线性加权和法（周志莹，2021；张震和覃成林，2021）；第五类是熵权TOPSIS法（凌连新和阳国亮，2021；肖德和于凡，2021）。其中，主成分分析法和熵值法在上一节中已经介绍，故在此处不再赘述。而组合赋权法能够实现指标权重的更加确定性，它将客观赋权法与主观赋权法结合起来对权重进行计算，这避开了主观赋权法的主观性，防止了客观赋权法的绝对客观性，可以使评价结果更为科学规范。线性加权和法是先计算权重，再计算最优解的一种评价多目标规划问题的方法。假如受评价者中的一个指标值较高，另一个指标值相对较低，事实上很有可能被觉得是优或差，但因为运用线性加权和法后权重的影响不够，所以没有体现该指标的突显影响，导致总体评价结果与具体实际情况发生冲突。把信息熵和TOPSIS方法进行结合后就是熵权TOPSIS法。传统的TOPSIS综合评价法存在一些缺陷，表现在它的指标权重都是一样的，从而不能正确地反映它们之间的相对重要性。熵权TOPSIS法对TOPSIS评价法进行改进后，可以更好地反映利用熵值法的客观性、实际性地明确指标相对性权重的优势，是将熵值法和TOPSIS法合理结合在一起，与此同时防止主观性人为因素影响的科学、靠谱的综合评价方式。

从表3-3可以看出，中国城市数字经济的各维度与各分项指标之间具有一定的相关性，而且这个指标体系的组成部分是多维度、多分项的。根据以上分析，本书利用熵权TOPSIS法对中国城市经济高质量发展指数进行测算。具体来说，运用熵权TOPSIS法把五个分维度如创新、协调、绿色、开放、共享的指标数据先进行标准化处理，并在此基础上对其变异系数进行计算，然后在指标信息熵的基础上计算出欧氏距离来比较测度方案和理想方案，进而得出中国城市经济高质量发展的综合指数和分维度指数。

三、数据来源

经济高质量发展的相关数据来源主要包括EPS数据库、《中国区域经济统计年鉴》、各市国民经济和社会发展统计公报、部分地级市统计年报、各省（市、自治区）统计年鉴、中国研究数据服务平台（CNRDS）、《中国城市统计年鉴》等。本书的研究样本是2011—2019年中国284个地级及以上城市的面板数据。为了获取平衡面板数据，本书对岳阳、哈密、吐鲁番、那曲、山南、林芝、昌都、日喀则、儋州、三沙、海东、毕节、铜仁、巢湖、拉萨进行了剔除。同时，本书也连接了其他相关数据，然而襄阳这个城市并没有从中剔除。此外，采用线性插值法处理缺失数据。其中，中国城市经济高质量发展各变量描述性统计如表3-4所示。

具体而言，在创新方面，科学技术支出的均值是0.0164，标准差是0.0166，最小值是0.0003，最大值是0.2068；教育支出的均值是0.1781，标准差是0.0399，最小值是0.0104，最大值是0.3562；单位GDP投入发明专利授权量的均值是0.0001，标准差是0.0002，最小值是0.0005，最大值是0.0023；全要素生产率的均值是1.5357，标准差是0.0749，最小值是0.0428，最大值是2.9482。在协调方面，城乡收入比的均值是2.3850，标准差是0.0486，最小值是1.2900，最大值是4.6259；城乡消费比的均值是2.1757，标准差是0.0529，最小值是1.2271，最大值是8.5515；产业结构合理化的均值是0.0320，标准差是0.0547，最小值是0.0004，最大值是1.1728；产业结构高级化的均值是0.9997，标准差是0.0576，最小值是0.1136，最大值是5.3401；地区与全国人均GDP之比的均值是1.0419，标准差是0.0654，最小值是1.1783，最大值是6.6658。在绿色方面，废水排放的均值是0.0004，标准差是0.0007，最小值是0.0001，最大值是0.0215；废气排放的均值是0.0034，标准差是0.0068，最小值是0.0002，最大值是0.2135；固体废物排放的均值是0.3298，标准差是0.0186，最小值是1.0000，最大值是100.0000；森林覆盖率的均值是0.0115，标准差是0.0387，最小值是0.0006，最大值是0.4902；建成区绿化覆盖率的均值是0.5755，标准差是0.0092，最小值是0.3900，最大值是76.5800。在开放方面，外贸开放度的均值是3.9228，标准差是0.8402，最小值是0.0008，最大值是4.7190；外资开放度的均值是1.6279，标准差是0.4319，最小值是0.0001，最大值是0.5568。在共享方面，在岗职工平均工资的均值是1.7790，标准差是0.7923，最小值是1.0002，最大值是519.0000；人均社会消费品零售总额的均值是2.1031，标准差是0.8104，最小值是0.0001，最大值是16.5961；人均医院、卫生院床位数的均值是0.0046，标准差是0.0017，最小值是0.0014，最大值是0.0138；师生人数比的均值是0.1194，标准差是0.2174，最小值是0.0345，最大值是3.4614。

表 3-4　中国城市经济高质量发展各变量描述性统计

基础指标	观测值	均值	标准差	最小值	最大值
科学技术支出	2556	0.0164	0.0166	0.0003	0.2068
教育支出	2556	0.1781	0.0399	0.0104	0.3562
单位GDP投入发明专利授权量	2556	0.0001	0.0002	0.0005	0.0023
全要素生产率	2556	1.5357	0.0749	0.0428	2.9482
城乡收入比	2556	2.3850	0.0486	1.2900	4.6259
城乡消费比	2556	2.1757	0.0529	1.2271	8.5515
产业结构合理化	2556	0.0320	0.0547	0.0004	1.1728
产业结构高级化	2556	0.9997	0.0576	0.1136	5.3401
地区与全国人均GDP之比	2556	1.0419	0.0654	1.1783	6.6658
废水排放	2556	0.0004	0.0007	0.0001	0.0215
废气排放	2556	0.0034	0.0068	0.0002	0.2135
固体废物排放	2556	0.3298	0.0186	1.0000	100.0000
森林覆盖率	2556	0.0115	0.0387	0.0006	0.4902
建成区绿化覆盖率	2556	0.5755	0.0092	0.3900	76.5800
外贸开放度	2556	3.9228	0.8402	0.0008	4.7190
外资开放度	2556	1.6279	0.4319	0.0001	0.5568
在岗职工平均工资	2556	1.7790	0.7923	1.0002	519.0000
人均社会消费品零售总额	2556	2.1031	0.8104	0.0001	16.5961
人均医院、卫生院床位数	2556	0.0046	0.0017	0.0014	0.0138
师生人数比	2556	0.1194	0.2174	0.0345	3.4614

第三节　数字经济与城市经济高质量发展的特征事实

一、城市数字经济的特征事实

（一）总体层面

1.总指标

为了从总体层面上对中国城市数字经济发展水平的演进趋势进行分析，我们报告了2011—2019年中国城市数字经济的总体变动情况，具体结果如表3-5、图3-1所示。

从表3-5和图3-1可以看出，我国城市数字经济指数呈现出不断上升的趋势，即我国城市数字经济指数从2011年的0.0514增加到2019年的0.1647，这可以说明随着时间的推移，我国城市数字经济发展水平不断提高。同时，2019年我国城市数字经济指数达到了最高值，而2011年我国城市数字经济指数达到了最低值，两者之间的差距是0.1133。此外，2017—2019年中国城市数字经济指数上升较快，而2011—2017年中国城市数字经济指数上升较慢。

表3-5　2011—2019年中国城市数字经济变动情况

年份	城市数字经济指数
2011	0.0514
2012	0.0604
2013	0.0628
2014	0.0761
2015	0.0775
2016	0.0949
2017	0.0981
2018	0.1232
2019	0.1647

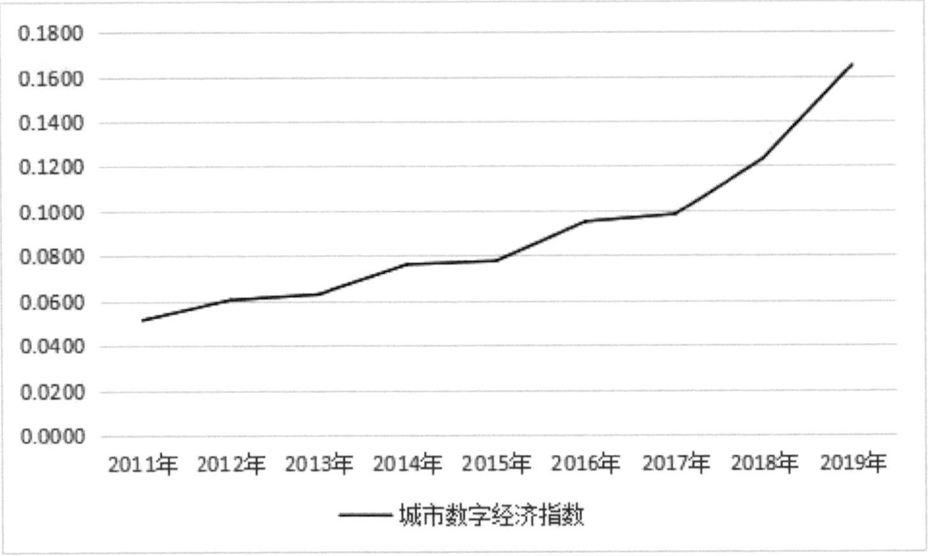

图 3-1　2011—2019 年中国城市数字经济变动情况

2. 分维度指标

为了从总体层面上对中国城市数字经济发展水平的演进趋势进行分析，我们报告了 2011—2019 年中国城市数字经济的分维度变动情况，具体结果如表 3-6、图 3-2 所示。

从表 3-6 和图 3-2 可以看出，2011—2019 年我国城市数字金融发展指数、我国城市互联网发展指数都在逐年增加。在互联网发展方面，2011 年我国城市互联网发展指数达到了最低值，而 2019 年我国城市互联网发展指数达到了最高值，两者之间的差距是 0.1668。同时，2017—2018 年我国城市互联网发展指数的波动幅度最大，而 2014—2015 年、2016—2017 年我国城市互联网发展指数的波动幅度最小。此外，2011—2019 年我国城市互联网发展指数呈现出不断上升的趋势。在数字金融发展方面，2011 年我国城市数字金融发展指数达到了最低值，而 2019 年我国城市数字金融发展指数达到了最高值，两者之间的差距是 193.7852。同时，2011—2012 年我国城市数字金融发展指数的波动幅度最大，而 2017—2018 年我国城市数字金融发展指数的波动幅度最小。此外，2011—2019 年我国城市数字金融发展指数呈现出明显的上升趋势。

表 3-6　2011—2019 年中国城市数字经济分维度变动情况

年份	城市互联网发展指数	城市数字金融发展指数
2011	0.8404	51.7949
2012	0.8610	91.9847
2013	0.8868	129.5349
2014	0.8913	145.5611
2015	0.8938	173.2269
2016	0.9366	196.0825
2017	0.9391	222.7390
2018	0.9994	233.4819
2019	1.0072	245.5801

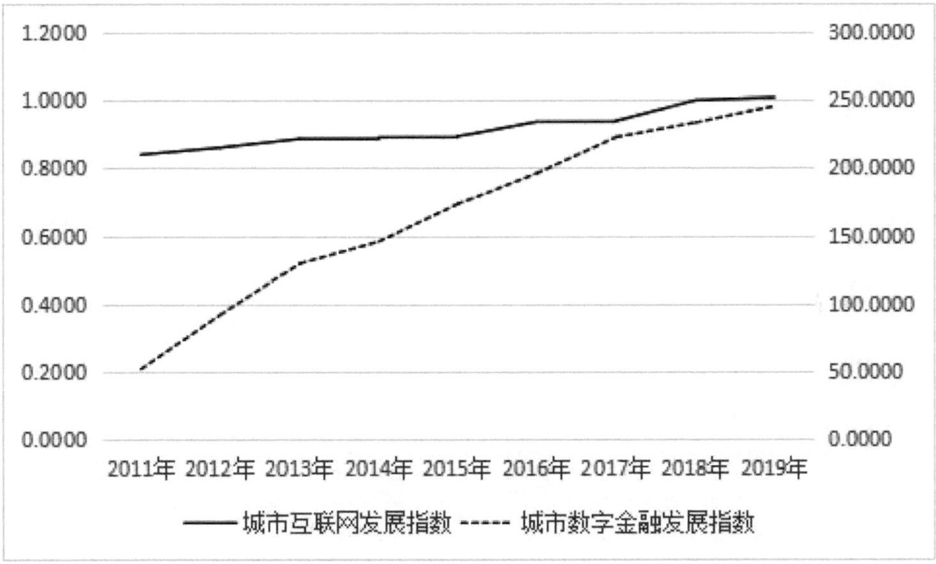

图 3-2　2011—2019 年中国城市数字经济分维度变动情况

（二）区域层面

1. 总指标

为了从区域层面上考察中国城市数字经济发展水平的演进趋势，我们根据测度结果，报告了 2011—2019 年中国主要城市数字经济的总体变动情况，具体结果如表 3-7、表 3-8、图 3-3 所示。

从表3-7可以看出，2011—2019年我国主要城市数字经济排名前五位的是北京、上海、广州、成都、重庆，而2011—2019年我国主要城市数字经济排名末五位的是兰州、乌鲁木齐、呼和浩特、银川、西宁。其中，2011年我国主要城市数字经济排名前五位的是北京、重庆、广州、上海、郑州，而2011年我国主要城市数字经济排名末五位的是呼和浩特、南昌、兰州、银川、西宁。2015年我国主要城市数字经济排名前五位的是北京、广州、天津、上海、成都，而2015年我国主要城市数字经济排名末五位的是兰州、呼和浩特、乌鲁木齐、银川、西宁。2019年我国主要城市数字经济排名前五位的是北京、上海、广州、杭州、成都，而2019年我国主要城市数字经济排名末五位的是乌鲁木齐、呼和浩特、兰州、西宁、银川。

表3-7 部分年份中国主要城市数字经济排名情况

城市	排名	均值	2011年	2015年	2019年
北京	1	5.4691	4.6784	5.9559	5.7729
上海	2	4.5078	3.7266	3.7410	5.1443
广州	3	3.9669	3.9926	4.6528	4.1672
成都	4	3.7433	2.0443	3.0739	3.1165
重庆	5	2.8157	4.1364	2.9771	3.0550
长沙	6	2.7782	2.1480	2.1775	3.0428
郑州	7	2.5211	3.4430	2.6013	3.0290
杭州	8	2.3218	2.1591	2.7637	3.4119
武汉	9	2.1645	2.6333	2.2596	2.5649
西安	10	2.1526	2.0246	2.0736	2.3954
南京	11	1.8664	1.6681	2.4904	2.1176
天津	12	1.6373	1.4009	3.7526	1.8521
济南	13	1.4487	1.0057	2.0501	1.8162
福州	14	1.2738	1.0782	1.2407	1.4996
昆明	15	1.2461	0.8466	0.9638	1.4159
石家庄	16	1.1137	0.6309	1.9292	1.3987
沈阳	17	1.0862	1.1341	1.2158	1.1913
合肥	18	1.0221	0.5461	1.0515	1.0688
南宁	19	0.9759	0.8458	0.9762	0.9852
哈尔滨	20	0.9690	1.7242	1.2074	0.8146

续　表

城市	排名	均值	2011年	2015年	2019年
南昌	21	0.8096	0.3505	0.6911	0.8399
长春	22	0.7000	0.5254	0.8565	0.8249
贵阳	23	0.6943	0.4899	0.6390	0.7243
太原	24	0.6470	0.8925	0.8422	0.6942
海口	25	0.6271	0.5854	0.6593	0.6384
兰州	26	0.4603	0.2452	0.4375	0.4983
乌鲁木齐	27	0.4523	0.3578	0.3298	0.5301
呼和浩特	28	0.4487	0.3543	0.4289	0.5102
银川	29	0.0588	0.0554	0.0419	0.0331
西宁	30	0.0403	0.0459	0.0319	0.0545

注：限于篇幅，这里仅报告30个主要城市的数字经济排名情况。

从表3-8和图3-3可以看出，2011—2019年我国东部城市与我国中西部城市数字经济指数呈现出不同的趋势。同时，我国东部城市与我国中西部城市数字经济指数存在着明显的差距。此外，2011—2019年我国东部城市数字经济指数始终高于我国中西部城市数字经济指数，这可以说明2011—2019年我国东部城市数字经济发展水平始终高于我国中西部城市数字经济发展水平。

表3-8　2011—2019年中国东部城市与中西部城市数字经济变动情况

年份	东部城市数字经济指数	中西部城市数字经济指数
2011	0.3259	−0.2376
2012	0.3609	−0.2593
2013	0.3852	−0.2872
2014	0.2750	−0.1930
2015	0.3095	−0.2216
2016	0.3578	−0.2551
2017	0.4060	−0.2887
2018	0.3122	−0.2261
2019	0.2860	−0.2262

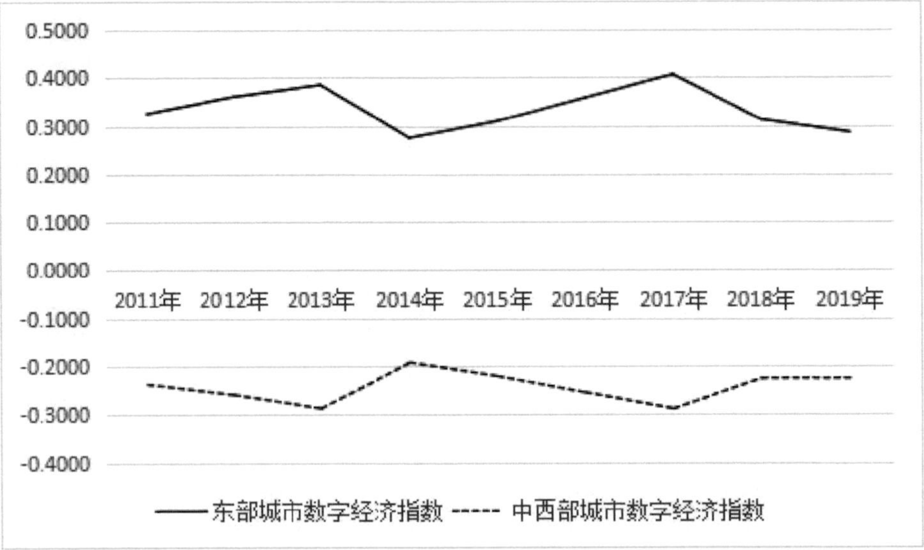

图3-3 2011—2019年中国东部城市与中西部城市数字经济变动情况

2.分维度指标

为了从区域层面上考察中国城市数字经济发展水平的演进趋势，我们根据测度结果，报告了2011—2019年中国主要城市数字经济的分维度变动情况，具体结果如表3-9到表3-12、图3-4到图3-5所示。

从表3-9可以看出，2011—2019年我国主要城市互联网发展排名前五位的是北京、上海、广州、杭州、成都，而2011—2019年我国主要城市互联网发展排名末五位的是西宁、海口、呼和浩特、银川、兰州。其中，2011年我国主要城市互联网发展排名前五位的是广州、上海、杭州、北京、成都，而2011年我国主要城市互联网发展排名末五位的是海口、西宁、呼和浩特、银川、兰州。2015年我国主要城市互联网发展排名前五位的是上海、北京、杭州、广州、长沙，而2015年我国主要城市互联网发展排名末五位的是海口、银川、乌鲁木齐、呼和浩特、兰州。2019年我国主要城市互联网发展排名前五位的是北京、上海、广州、杭州、济南，而2019年我国主要城市互联网发展排名末五位的是西宁、呼和浩特、银川、兰州、海口。

表 3-9　部分年份中国主要城市互联网发展排名情况

城市	排名	均值	2011年	2015年	2019年
北京	1	5.4553	4.2336	5.9200	6.8840
上海	2	5.3224	5.3070	6.9500	6.3145
广州	3	5.1794	5.6973	4.2500	5.9866
杭州	4	4.7684	4.4114	4.9500	4.9886
成都	5	3.4651	3.8871	2.7400	3.7683
长沙	6	3.4273	2.1560	3.8000	4.3259
南京	7	3.1334	2.4736	3.4200	3.5065
济南	8	3.0204	2.3270	2.3200	4.4141
福州	9	2.2415	1.7327	2.0700	2.9219
重庆	10	2.1520	1.3517	2.9700	2.1343
武汉	11	2.1178	1.4900	2.6300	2.2335
天津	12	2.0765	1.9019	2.0500	2.2775
西安	13	2.0224	1.8410	1.9000	2.3262
沈阳	14	1.6764	1.5056	1.7800	1.7436
郑州	15	1.6175	1.7229	1.4000	1.7296
哈尔滨	16	1.4120	1.5229	1.6300	1.0832
昆明	17	1.2524	1.1299	1.3500	1.2772
合肥	18	1.2293	0.7760	1.8700	1.0419
贵阳	19	1.1584	0.6724	1.1600	1.6427
长春	20	1.1226	0.9688	1.0600	1.3391
南昌	21	1.0870	0.7310	1.2800	1.2499
石家庄	22	1.0020	0.6680	1.3300	1.0079
太原	23	0.9967	1.1141	1.0900	0.7859
南宁	24	0.9888	0.6627	0.9400	1.3636
乌鲁木齐	25	0.5960	0.5153	0.4700	0.8026
西宁	26	0.5885	0.4703	0.6500	0.6452
海口	27	0.4099	0.4776	0.5600	0.1921
呼和浩特	28	0.3962	0.3610	0.4500	0.3776
银川	29	0.3619	0.3071	0.4800	0.2985
兰州	30	0.2470	0.2220	0.2500	0.2690

注：限于篇幅，这里仅报告30个主要城市的互联网发展排名情况。

从表3-10可以看出，2011—2019年我国主要城市数字金融发展排名前五位的是杭州、上海、北京、南京、广州，而2011—2019年我国主要城市数字金融发展排名末五位的是哈尔滨、石家庄、重庆、长春、西宁。其中，2011年我国主要城市数字金融发展排名前五位的是杭州、广州、上海、北京、成都，而2011年我国主要城市数字金融发展排名末五位的是呼和浩特、重庆、石家庄、长春、西宁。2015年我国主要城市数字金融发展排名前五位的是杭州、上海、北京、广州、南京，而2015年我国主要城市数字金融发展排名末五位的是贵阳、长春、重庆、石家庄、西宁。2019年我国主要城市数字金融发展排名前五位的是杭州、上海、南京、北京、广州，而2019年我国主要城市数字金融发展排名末五位的是重庆、哈尔滨、长春、西宁、天津。

表3-10 部分年份中国主要城市数字金融发展排名情况

城市	排名	均值	2011年	2015年	2019年
杭州	1	223.4355	86.1800	231.1300	321.6457
上海	2	214.2084	81.1800	222.4500	308.6404
北京	3	212.0175	80.7800	222.2100	301.3271
南京	4	210.7117	79.7600	214.3600	303.2918
广州	5	207.1578	82.1100	217.2400	299.9313
武汉	6	204.0197	76.1900	211.7600	295.9177
福州	7	200.0939	77.6200	209.4000	285.1153
成都	8	196.6097	80.2000	205.3000	281.0860
长沙	9	196.3429	79.3400	202.9700	281.9338
郑州	10	195.7970	71.7600	202.2000	288.5865
合肥	11	194.9344	71.5800	201.4800	288.0847
西安	12	194.0345	75.3900	202.9500	280.7519
海口	13	192.2264	77.1200	205.8300	271.9984
济南	14	191.4108	70.4700	202.2900	277.1387
太原	15	191.1575	70.5700	201.1000	272.1581
南昌	16	190.8478	69.4500	197.5200	278.2453
昆明	17	189.5766	68.3500	199.7000	272.5779
沈阳	18	187.2457	71.5600	197.7200	267.0648

续　表

城市	排名	均值	2011年	2015年	2019年
乌鲁木齐	19	185.2254	67.9500	194.2800	266.0363
呼和浩特	20	185.1678	62.1500	196.1400	262.0501
天津	21	185.1280	73.7000	193.6600	193.6600
南宁	22	185.0976	67.6600	193.6600	268.4611
贵阳	23	182.5983	65.6300	190.9200	267.5466
兰州	24	181.6969	66.5600	193.7700	262.6860
银川	25	180.1158	67.8000	193.5800	257.0030
哈尔滨	26	178.0421	64.2300	193.3700	252.3549
石家庄	27	175.0847	59.2500	181.1600	260.4588
重庆	28	174.5457	59.7000	182.6800	254.5790
长春	29	173.7080	54.5400	186.3600	251.0208
西宁	30	164.9969	53.2500	176.4200	245.2086

注：限于篇幅，这里仅报告30个主要城市的数字金融发展排名情况。

从表3-11和图3-4可以看出，我国东部城市与我国中西部城市互联网发展指数都呈现出不断上升的趋势，这可以说明2011—2019年我国东部城市与我国中西部城市互联网发展水平都在不断提高。同时，我国东部城市与我国中西部城市互联网发展指数之间存在着明显的差距。此外，2011—2019年我国东部城市互联网发展指数始终高于我国中西部城市互联网发展指数，这可以说明2011—2019年我国东部城市互联网发展水平始终高于我国中西部城市互联网发展水平。

表3-11　2011—2019年中国东部城市与中西部城市互联网发展变动情况

年份	东部城市互联网发展指数	中西部城市互联网发展指数
2011	0.7822	0.4651
2012	0.9200	0.5710
2013	0.9427	0.6289
2014	0.9667	0.6335
2015	1.0093	0.7110
2016	1.0560	0.8050

续 表

年份	东部城市互联网发展指数	中西部城市互联网发展指数
2017	1.0880	0.8938
2018	1.3274	0.9102
2019	2.5460	1.2850

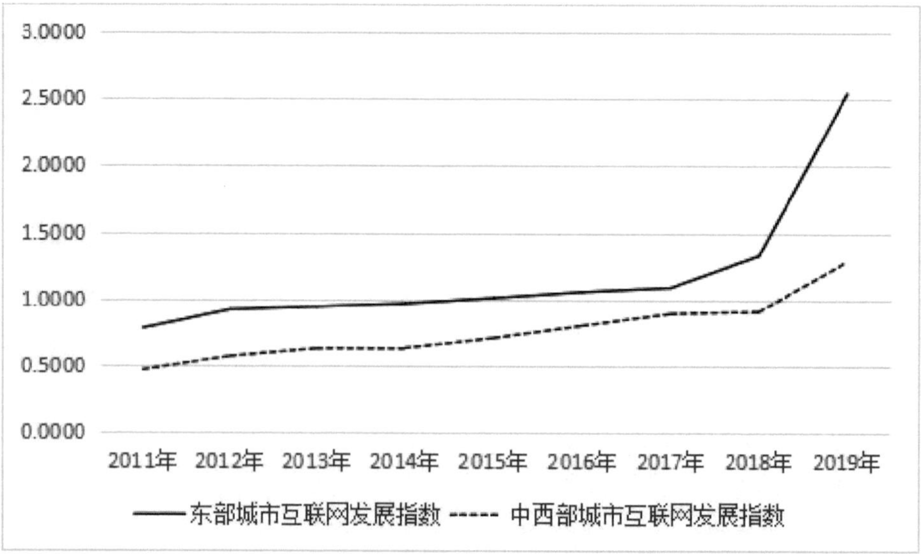

图 3-4　2011—2019 年中国东部城市与中西部城市互联网发展变动情况

从表 3-12 和图 3-5 可以看出，2011—2019 年我国东部城市与我国中西部城市数字金融发展指数都呈现出不断上升的趋势，这可以说明 2011—2019 年我国东部城市与我国中西部城市数字金融发展水平都在不断提高。同时，我国东部城市与我国中西部城市数字金融发展指数之间存在一定的差距。此外，2011—2019 年我国东部城市数字金融发展指数始终高于我国中西部城市数字金融发展指数，这可以说明 2011—2019 年我国东部城市数字金融发展水平与我国中西部城市数字金融发展水平相比，前者比后者要高。

表 3-12 2011—2019 年中国东部城市与中西部城市数字金融发展变动情况

年份	东部城市数字金融发展指数	中西部城市数字金融发展指数
2011	62.8786	46.9808
2012	104.4245	86.5816
2013	143.7788	123.3831
2014	156.1634	140.9146
2015	185.2134	167.8581
2016	207.7652	190.8264
2017	236.4548	216.6267
2018	250.2579	226.1248
2019	263.8442	237.5787

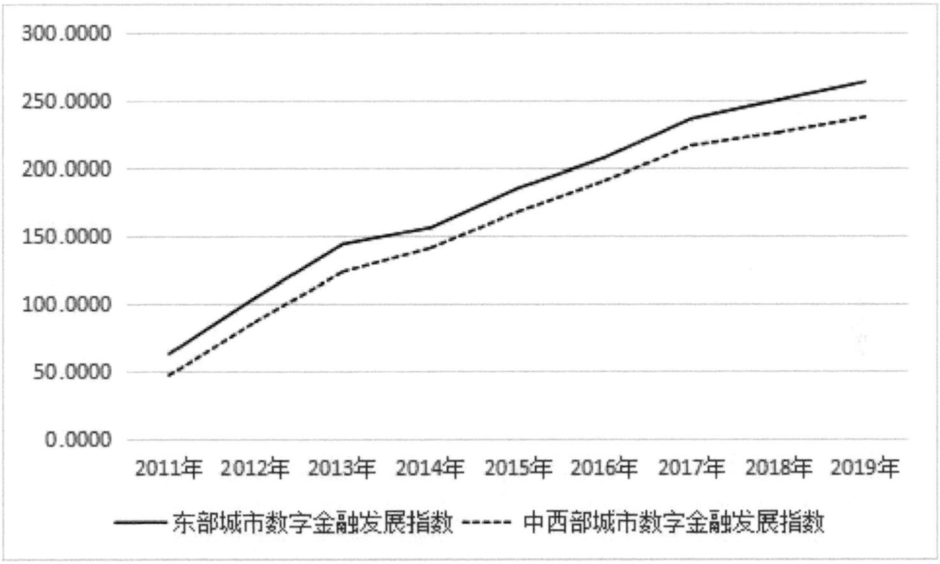

图 3-5 2011—2019 年中国东部城市与中西部城市数字金融发展变动情况

二、城市经济高质量发展的特征事实

（一）总体层面

1. 总指标

为了从总体层面上对中国城市经济高质量发展水平的演进趋势进行分析，我们报告了 2011—2019 年中国城市经济高质量发展的总体变动情况，具体结果如表3-13、图3-6所示。

从表3-13和图3-6可以看出，2011—2019年我国城市经济高质量发展指数呈现出“下降—上升—下降—上升”的趋势。同时，2011—2019年最高值与最低值之间的差距是0.0778。此外，2018—2019年我国城市经济高质量发展指数的上升幅度较大，2017—2018年我国城市经济高质量发展指数的上升幅度较小。

表3-13 2011—2019年中国城市经济高质量发展变动情况

年份	城市经济高质量发展指数
2011	0.3961
2012	0.3766
2013	0.3546
2014	0.3475
2015	0.3610
2016	0.3589
2017	0.3563
2018	0.3606
2019	0.4253

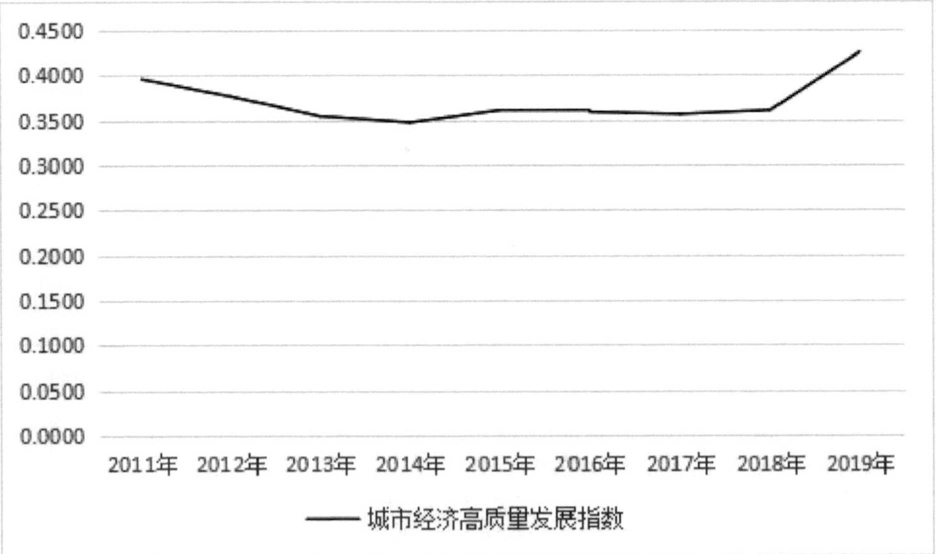

图3-6 2011—2019年中国城市经济高质量发展变动情况

2.分维度指标

为了从总体层面上对中国城市经济高质量发展水平的演进趋势进行分析，我们报告了2011—2019年中国城市经济高质量发展的分维度变动情况，具体结果如表3-14、图3-7所示。

从表3-14和图3-7可以看出，2011—2019年我国城市经济高质量发展各分维度指数呈现出不同的趋势。其中，我国城市绿色指数和我国城市创新指数的趋势是上升到下降再到上升。我国城市协调指数、共享指数都呈现出不断上升的趋势。我国城市开放指数呈现出上升与下降交替的趋势。

表3-14 2011—2019年中国城市经济高质量发展分维度变动情况

年份	城市创新指数	城市协调指数	城市绿色指数	城市开放指数	城市共享指数
2011	0.4022	1.5250	0.0897	0.2367	0.4531
2012	0.4042	1.5286	0.0931	0.2548	0.4541
2013	0.4625	1.5322	0.1003	0.2433	0.4571
2014	0.3949	1.5515	0.1079	0.2644	0.4578
2015	0.4253	1.5660	0.1183	0.2662	0.4582
2016	0.6172	1.5682	0.1139	0.2411	0.4591
2017	0.6359	1.5880	0.1223	0.2644	0.4592
2018	0.6507	1.6183	0.1254	0.2434	0.4600
2019	0.6650	1.6239	0.1281	0.3330	0.4622

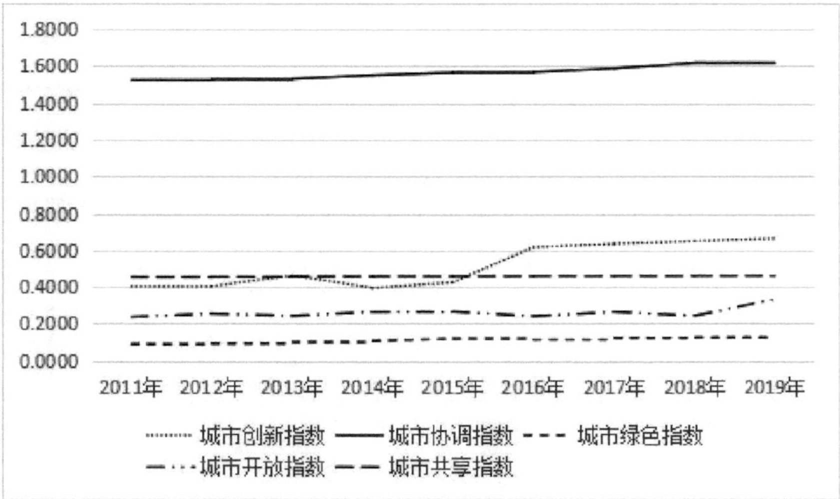

图3-7 2011—2019年中国城市经济高质量发展分维度变动情况

（二）区域层面

1.总指标

为了从区域层面上对中国城市经济高质量发展水平的演进趋势进行分析，我们报告了2011—2019年中国主要城市经济高质量发展的总体变动情况，具体结果如表3-15、表3-16、图3-8所示。

从表3-15可以看出，2011—2019年我国主要城市经济高质量发展排名前五位的是北京、上海、广州、南京、成都，而2011—2019年我国主要城市经济高质量发展排名末五位的是兰州、呼和浩特、银川、南宁、西宁。其中，2011年我国主要城市经济高质量发展排名前五位的是北京、西安、上海、广州、成都，而2011年我国主要城市经济高质量发展排名末五位的是海口、南宁、兰州、乌鲁木齐、西宁。2015年我国主要城市经济高质量发展排名前五位的是北京、上海、广州、杭州、武汉，而2015年我国主要城市经济高质量发展排名末五位的是乌鲁木齐、兰州、昆明、银川、西宁。2019年我国主要城市经济高质量发展排名前五位的是北京、上海、广州、武汉、西安，而2019年我国主要城市经济高质量发展排名末五位的是呼和浩特、银川、兰州、南宁、西宁。

表3-15 部分年份中国主要城市经济高质量发展排名情况

城市	排名	均值	2011年	2015年	2019年
北京	1	0.9080	0.8059	1.2513	0.8380
上海	2	0.7291	0.6436	0.6778	0.7812
广州	3	0.6575	0.5842	0.6747	0.7586
南京	4	0.5777	0.4974	0.5538	0.5356
成都	5	0.5554	0.5334	0.4899	0.5730
西安	6	0.5009	0.7080	0.4382	0.6151
杭州	7	0.4771	0.4999	0.5600	0.5082
武汉	8	0.4761	0.4226	0.5561	0.6935
合肥	9	0.4724	0.4630	0.4655	0.4674
重庆	10	0.4697	0.4745	0.4313	0.4861
天津	11	0.4633	0.5183	0.5250	0.4379
南昌	12	0.4526	0.4779	0.4443	0.4768

续　表

城市	排名	均值	2011年	2015年	2019年
沈阳	13	0.4474	0.4244	0.4968	0.4225
郑州	14	0.4431	0.4254	0.4288	0.5329
济南	15	0.4314	0.4172	0.4199	0.4569
长沙	16	0.4133	0.4041	0.3981	0.4281
福州	17	0.3990	0.3545	0.4908	0.3978
石家庄	18	0.3957	0.4474	0.3418	0.3394
太原	19	0.3943	0.3834	0.3405	0.4000
哈尔滨	20	0.3927	0.3746	0.3999	0.3583
长春	21	0.3755	0.3908	0.3747	0.3305
贵阳	22	0.3731	0.3770	0.3332	0.3513
海口	23	0.3662	0.3455	0.3487	0.4101
昆明	24	0.3637	0.3606	0.3119	0.4745
乌鲁木齐	25	0.3555	0.3210	0.3148	0.4261
兰州	26	0.3462	0.3315	0.3132	0.3001
呼和浩特	27	0.3398	0.3518	0.3151	0.3053
银川	28	0.3288	0.4146	0.3030	0.3048
南宁	29	0.3236	0.3365	0.3156	0.2900
西宁	30	0.3080	0.3164	0.2897	0.2814

注：限于篇幅，这里仅报告30个主要城市的经济高质量发展排名情况。

从表3-16和图3-8可以看出，我国不同区域城市经济高质量发展指数都呈现出相同的趋势，即我国东部城市与我国中西部城市经济高质量发展指数都呈现出“下降—上升—下降”的趋势。同时，我国东部城市与我国中西部城市经济高质量发展指数存在着较小的差距。此外，我国东部城市经济高质量发展指数始终高于我国中西部城市经济高质量发展指数，这可以说明我国东部城市经济高质量发展水平在考察期内始终高于我国中西部城市。

表3-16　2011—2019年中国东部城市与中西部城市经济高质量发展变动情况

年份	东部城市经济高质量发展指数	中西部城市经济高质量发展指数
2011	0.3991	0.3832
2012	0.3821	0.3728
2013	0.3664	0.3456
2014	0.3523	0.3446
2015	0.3604	0.3524
2016	0.3653	0.3541
2017	0.4361	0.4242
2018	0.3644	0.3578
2019	0.3639	0.3503

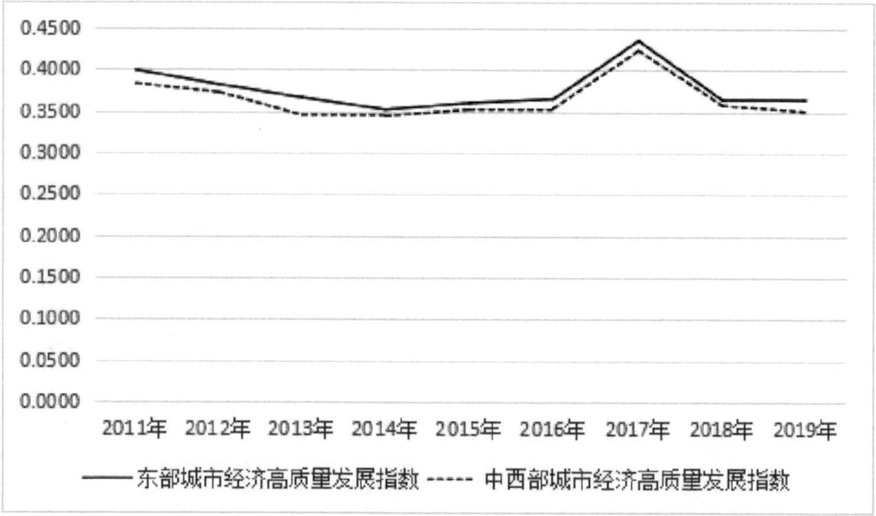

图3-8　2011—2019年中国东部城市与中西部城市经济高质量发展变动情况

2.分维度指标

为了从区域层面上对中国城市经济高质量发展水平的演进趋势进行分析，我们报告了2011—2019年中国主要城市经济高质量发展的分维度变动情况，具体结果如表3-17到表3-26、图3-9所示。

从表3-17可以看出，2011—2019年我国主要城市创新排名前五位的是广州、上海、北京、南京、杭州，而2011—2019年我国主要城市创新排名末五位的是银川、乌鲁木齐、呼和浩特、海口、西宁。其中，2011年我国主要城市创新排名前五位的是上海、福州、昆明、杭州、南昌，而2011年我国主要城市创新排名末五位的是兰州、银川、西宁、乌鲁木齐、南宁。2015年我国主要城市创新排名前五位的是杭州、天津、贵阳、长沙、合肥，而2015年我国主要城市创新排名末五位的是南宁、乌鲁木齐、沈阳、西宁、银川。2019年我国主要城市创新排名前五位的是广州、福州、武汉、长沙、石家庄，而2019年我国主要城市创新排名末五位的是合肥、南宁、海口、乌鲁木齐、银川。

表3-17 部分年份中国主要城市创新排名情况

城市	排名	均值	2011年	2015年	2019年
广州	1	0.4784	0.4826	0.3928	0.3752
上海	2	0.4755	0.7278	0.3715	0.2681
北京	3	0.4609	0.6441	0.3669	0.2867
南京	4	0.4575	0.6843	0.3866	0.2438
杭州	5	0.4569	0.7018	0.5157	0.3217
福州	6	0.4485	0.7231	0.3997	0.3703
郑州	7	0.4479	0.6860	0.4239	0.2399
昆明	8	0.4420	0.7061	0.4064	0.2846
西安	9	0.4418	0.6279	0.3133	0.2145
济南	10	0.4391	0.6042	0.3736	0.1985
石家庄	11	0.4326	0.5909	0.3368	0.3585
天津	12	0.4259	0.6002	0.4664	0.1942
武汉	13	0.4240	0.5185	0.3667	0.3635
哈尔滨	14	0.4203	0.5213	0.3373	0.2425
合肥	15	0.4189	0.4910	0.4295	0.1847
南昌	16	0.4170	0.6884	0.3233	0.3560
长沙	17	0.4125	0.5899	0.4407	0.3632
成都	18	0.4123	0.6206	0.3531	0.1877
沈阳	19	0.4117	0.5912	0.2818	0.3211
重庆	20	0.4058	0.6571	0.3836	0.3143
贵阳	21	0.4056	0.5213	0.4459	0.2810

续 表

城市	排名	均值	2011年	2015年	2019年
长春	22	0.4042	0.5901	0.4156	0.2540
太原	23	0.4023	0.5338	0.3978	0.2798
兰州	24	0.4019	0.3804	0.3031	0.3170
南宁	25	0.4000	0.1695	0.2866	0.1811
银川	26	0.3968	0.3347	0.2712	0.1333
乌鲁木齐	27	0.3926	0.2616	0.2846	0.1439
呼和浩特	28	0.3916	0.5185	0.3855	0.1889
海口	29	0.3839	0.5068	0.3208	0.1579
西宁	30	0.3534	0.2910	0.2745	0.3085

注：限于篇幅，这里仅报告30个主要城市的创新排名情况。

从表3-18可以看出，2011—2019年我国主要城市协调排名前五位的是北京、上海、天津、广州、杭州，而2011—2019年我国主要城市协调排名末五位的是西宁、南宁、贵阳、兰州、昆明。其中，2011年我国主要城市协调排名前五位的是北京、上海、沈阳、天津、广州，而2011年我国主要城市协调排名末五位的是南昌、郑州、西安、兰州、昆明。2015年我国主要城市协调排名前五位的是北京、上海、广州、天津、杭州，而2015年我国主要城市协调排名末五位的是西宁、贵阳、银川、昆明、兰州。2019年我国主要城市协调排名前五位的是北京、上海、哈尔滨、海口、福州，而2019年我国主要城市协调排名末五位的是兰州、西宁、乌鲁木齐、太原、昆明。

表3-18 部分年份中国主要城市协调排名情况

城市	排名	均值	2011年	2015年	2019年
北京	1	2.4165	2.2163	2.5771	2.6319
上海	2	2.1797	2.1848	2.1796	2.1796
天津	3	1.9715	1.9528	1.9865	1.8849
广州	4	1.9644	1.9252	1.9867	1.9602
杭州	5	1.9406	1.8979	1.9670	1.9491
济南	6	1.9283	1.8888	1.9158	1.9705

续　表

城市	排名	均值	2011年	2015年	2019年
海口	7	1.8983	1.7247	1.9148	2.0145
哈尔滨	8	1.8711	1.7566	1.8223	2.0780
福州	9	1.8322	1.6652	1.8834	1.9755
沈阳	10	1.8174	1.9816	1.8367	1.7416
南京	11	1.7986	1.7602	1.8004	1.8004
呼和浩特	12	1.7627	1.6443	1.7503	1.9575
武汉	13	1.7452	1.7884	1.7283	1.7283
长春	14	1.7058	1.8174	1.6701	1.6592
南昌	15	1.6868	1.6077	1.6584	1.8529
西安	16	1.6742	1.4472	1.7481	1.9401
重庆	17	1.6741	1.8010	1.6719	1.6837
长沙	18	1.6685	1.6270	1.6749	1.7045
石家庄	19	1.6422	1.6321	1.5861	1.6787
合肥	20	1.6273	1.7106	1.5879	1.5954
太原	21	1.6253	1.7631	1.5539	1.5539
成都	22	1.6093	1.6775	1.5466	1.5987
银川	23	1.6026	1.8883	1.4581	1.6535
乌鲁木齐	24	1.5757	1.6250	1.5716	1.5760
郑州	25	1.5703	1.5704	1.5413	1.6515
西宁	26	1.5694	1.6521	1.4737	1.5800
南宁	27	1.5654	1.6772	1.5125	1.6372
贵阳	28	1.5638	1.6804	1.4691	1.6723
兰州	29	1.4576	1.4268	1.3787	1.5812
昆明	30	1.4432	1.3964	1.4246	1.5135

注：限于篇幅，这里仅报告30个主要城市的协调排名情况。

从表3-19可以看出，2011—2019年我国主要城市绿色排名前五位的是上海、广州、南京、北京、天津，而2011—2019年我国主要城市绿色排名末五位的是贵阳、呼和浩特、兰州、西宁、乌鲁木齐。其中，2011年我国主要城市绿色排名前五位的是上海、广州、南京、北京、武汉，而2011年我国主要城市绿色排名末五位的是贵阳、西宁、兰州、乌鲁木齐、呼和浩特。2015年我国主要城市绿色排名前五位的是广州、上海、北京、南京、武汉，而2015年我国主要城市绿色排名末五位的是呼和浩特、贵阳、兰州、西宁、乌鲁木齐。2019年我国主要城市绿色排名前五位的是上海、广州、南京、天津、北京，而2019年我国主要城市绿色排名末五位的是贵阳、兰州、南宁、西宁、乌鲁木齐。

表3-19 部分年份中国主要城市绿色排名情况

城市	排名	均值	2011年	2015年	2019年
上海	1	2.0837	1.9288	1.8972	2.4883
广州	2	1.8678	1.7452	2.0081	1.9871
南京	3	1.3395	1.2263	0.4954	1.4051
北京	4	0.4645	0.3713	1.3498	0.3587
天津	5	0.2693	0.1848	0.2384	0.5405
武汉	6	0.2537	0.2056	0.2620	0.3388
海口	7	0.2402	0.1593	0.2520	0.3103
郑州	8	0.2260	0.1569	0.2198	0.3115
沈阳	9	0.2050	0.1925	0.2234	0.1806
西安	10	0.2045	0.1270	0.1886	0.2974
成都	11	0.1989	0.1412	0.1807	0.3128
哈尔滨	12	0.1942	0.1443	0.2007	0.2345
济南	13	0.1888	0.1462	0.1720	0.2574
杭州	14	0.1821	0.0958	0.1989	0.2807
太原	15	0.1744	0.1426	0.1755	0.1973
重庆	16	0.1711	0.0853	0.1589	0.2460
昆明	17	0.1650	0.1678	0.1757	0.0862
南昌	18	0.1573	0.1140	0.1616	0.1904
合肥	19	0.1467	0.1085	0.1508	0.1736
长沙	20	0.0963	0.0778	0.0896	0.1128
长春	21	0.0946	0.0650	0.0878	0.2043
南宁	22	0.0908	0.0599	0.1000	0.0608
福州	23	0.0864	0.0659	0.0892	0.1047
石家庄	24	0.0800	0.0585	0.0928	0.0925
银川	25	0.0754	0.0568	0.0850	0.1009

续　表

城市	排名	均值	2011年	2015年	2019年
贵阳	26	0.0677	0.0530	0.0679	0.0822
呼和浩特	27	0.0649	0.0155	0.0819	0.0913
兰州	28	0.0517	0.0342	0.0504	0.0628
西宁	29	0.0451	0.0354	0.0459	0.0505
乌鲁木齐	30	0.0261	0.0244	0.0255	0.0289

注：限于篇幅，这里仅报告30个主要城市的绿色排名情况。

从表3-20可以看出，2011—2019年我国主要城市开放排名前五位的是北京、上海、广州、天津、南京，而2011—2019年我国主要城市开放排名末五位的是兰州、呼和浩特、贵阳、银川、西宁。其中，2011年我国主要城市开放排名前五位的是北京、上海、海口、沈阳、太原，而2011年我国主要城市开放排名末五位的是呼和浩特、兰州、贵阳、银川、西宁。2015年我国主要城市开放排名前五位的是北京、上海、广州、南京、沈阳，而2015年我国主要城市开放排名末五位的是济南、呼和浩特、贵阳、银川、西宁。2019年我国主要城市开放排名前五位的是北京、上海、郑州、济南、天津，而2019年我国主要城市开放排名末五位的是呼和浩特、兰州、贵阳、银川、西宁。

表3-20　部分年份中国主要城市开放排名情况

城市	排名	均值	2011年	2015年	2019年
北京	1	1.6163	1.5487	1.8595	1.8104
上海	2	1.1555	1.4718	1.5362	0.9913
广州	3	0.5547	0.3577	0.9012	0.4088
天津	4	0.5490	0.5606	0.5958	0.6995
南京	5	0.5332	0.7595	0.7258	0.5081
杭州	6	0.4896	0.5872	0.4306	0.5195
福州	7	0.4724	0.4243	0.3223	0.5843
武汉	8	0.4653	0.5742	0.2714	0.3641
太原	9	0.4193	0.7675	0.4659	0.1505
沈阳	10	0.4075	0.8909	0.6503	0.1942

续 表

城市	排名	均值	2011年	2015年	2019年
海口	11	0.4002	0.9599	0.2426	0.2610
长沙	12	0.3820	0.1116	0.2029	0.6825
济南	13	0.3257	0.1861	0.0884	0.7226
重庆	14	0.3175	0.1865	0.2370	0.2341
合肥	15	0.3118	0.2271	0.4858	0.6333
郑州	16	0.3116	0.3175	0.5340	0.8908
哈尔滨	17	0.2949	0.1913	0.1960	0.4033
南昌	18	0.2766	0.2634	0.1748	0.4764
长春	19	0.2579	0.1646	0.3141	0.3442
成都	20	0.2535	0.2220	0.1725	0.5081
西安	21	0.2178	0.4954	0.2271	0.1174
南宁	22	0.2109	0.3577	0.3554	0.1243
石家庄	23	0.2002	0.2075	0.2517	0.4791
乌鲁木齐	24	0.1939	0.1212	0.1558	0.1614
昆明	25	0.1603	0.1069	0.1108	0.2614
兰州	26	0.0704	0.0609	0.1016	0.0403
呼和浩特	27	0.0674	0.0776	0.0633	0.0645
贵阳	28	0.0314	0.0568	0.0235	0.0249
银川	29	0.0053	0.0063	0.0033	0.0056
西宁	30	0.0039	0.0044	0.0014	0.0015

注：限于篇幅，这里仅报告30个主要城市的开放排名情况。

从表3-21可以看出，2011—2019年我国主要城市共享排名前五位的是北京、上海、广州、南京、武汉，而2011—2019年我国主要城市共享排名末五位的是南宁、银川、兰州、昆明、西宁。其中，2011年我国主要城市共享排名前五位的是北京、沈阳、海口、武汉、杭州，而2011年我国主要城市共享排名末五位的是南宁、西宁、长沙、银川、石家庄。2015年我国主要城市共享排名前五位的是北京、杭州、上海、南昌、西安，而2015年我国主要城市共享排名末五位的是南宁、昆明、石家庄、银川、乌鲁木齐。2019年我国主要城市共享排名前五位的是北京、广州、重庆、合肥、南京，而2019年我国主要城市共享排名末五位的是兰州、昆明、南昌、西宁、南宁。

表3-21　部分年份中国主要城市共享排名情况

城市	排名	均值	2011年	2015年	2019年
北京	1	0.6561	0.8955	0.7551	0.7088
上海	2	0.5588	0.6005	0.7216	0.4304
广州	3	0.5516	0.3850	0.2661	0.7032
南京	4	0.5407	0.5437	0.3752	0.5687
武汉	5	0.5389	0.6425	0.3693	0.4597
杭州	6	0.5166	0.6211	0.7515	0.3256
海口	7	0.4981	0.8707	0.5281	0.4281
乌鲁木齐	8	0.4978	0.3415	0.1710	0.3189
石家庄	9	0.4937	0.2266	0.2320	0.4881
长春	10	0.4865	0.3442	0.3995	0.4712
沈阳	11	0.4765	0.8890	0.3814	0.3680
天津	12	0.4664	0.2862	0.5454	0.2945
济南	13	0.4633	0.4775	0.5411	0.5163
福州	14	0.4557	0.3452	0.4519	0.3487
南昌	15	0.4547	0.4013	0.5817	0.2746
重庆	16	0.4547	0.3048	0.4831	0.6034
成都	17	0.4473	0.5945	0.4956	0.4364
郑州	18	0.4469	0.5576	0.3590	0.4535
长沙	19	0.4434	0.2688	0.4463	0.4041
合肥	20	0.4275	0.3306	0.3760	0.5717
太原	21	0.4015	0.4870	0.5737	0.4108
呼和浩特	22	0.3967	0.4802	0.4042	0.3198
哈尔滨	23	0.3777	0.3858	0.4693	0.4080
西安	24	0.3742	0.3595	0.5786	0.3628
贵阳	25	0.3715	0.3579	0.3452	0.5135
南宁	26	0.3588	0.2836	0.2651	0.1969

续 表

城市	排名	均值	2011年	2015年	2019年
银川	27	0.3429	0.2319	0.2039	0.3034
兰州	28	0.2960	0.4134	0.3147	0.2863
昆明	29	0.2767	0.3653	0.2425	0.2809
西宁	30	0.2767	0.2805	0.3089	0.2166

注：限于篇幅，这里仅报告30个主要城市的共享排名情况。

从表3-22可以看出，我国不同区域城市创新指数都呈现出不断上升的趋势。对于我国东部城市而言，2011年我国东部城市创新指数达到了最低值，而2019年我国东部城市创新指数达到了最高值，两者之间的差距是0.3390。对于我国中西部城市而言，2011年我国中西部城市创新指数达到了最低值，而2019年我国中西部城市创新指数达到了最高值，两者之间的差距是0.3445。同时，我国东部城市创新指数与我国中西部城市创新指数存在着明显的差距。此外，我国东部城市创新指数始终高于我国中西部城市创新指数，这可以说明我国东部城市创新水平始终高于我国中西部城市创新水平。

表3-22　2011—2019年中国东部城市与中西部城市创新变动情况

年份	东部城市创新指数	中西部城市创新指数
2011	0.2057	0.1044
2012	0.2199	0.1944
2013	0.2685	0.2035
2014	0.3056	0.2582
2015	0.4051	0.3178
2016	0.4295	0.3320
2017	0.4907	0.3904
2018	0.5158	0.4344
2019	0.5447	0.4489

从表3-23可以看出，我国不同区域城市协调指数都呈现出不断上升的趋势。对于我国东部城市而言，2011年我国东部城市协调指数达到了最低

值，而2019年我国东部城市协调指数达到了最高值，两者之间的差距是0.0992。对于我国中西部城市而言，2011年我国中西部城市协调指数达到了最低值，而2019年我国中西部城市协调指数达到了最高值，两者之间的差距是0.0980。同时，我国东部城市协调指数与我国中西部城市协调指数存在着一定的差距。此外，我国东部城市协调指数始终高于我国中西部城市协调指数，这可以说明我国东部城市协调水平始终高于我国中西部城市协调水平。

表3-23　2011—2019年中国东部城市与中西部城市协调变动情况

年份	东部城市协调指数	中西部城市协调指数
2011	1.5421	1.4863
2012	1.5439	1.4938
2013	1.5469	1.4990
2014	1.5715	1.5169
2015	1.5773	1.5172
2016	1.5805	1.5280
2017	1.6144	1.5477
2018	1.6392	1.5710
2019	1.6413	1.5843

从表3-24可以看出，我国不同区域城市绿色指数都呈现出不同的趋势，即2011—2019年我国东部城市绿色指数呈现出不断上升的趋势，而2011—2019年我国中西部城市绿色指数呈现出“上升—下降—上升”的趋势。对于我国东部城市而言，2011年我国东部城市绿色指数达到了最低值，而2019年我国东部城市绿色指数达到了最高值，两者之间的差距是0.1513。对于我国中西部城市而言，2011年我国中西部城市绿色指数达到了最低值，而2019年我国中西部城市绿色指数达到了最高值，两者之间的差距是0.0959。同时，我国东部城市绿色指数与我国中西部城市绿色指数存在着明显的差距。此外，我国东部城市绿色指数始终高于我国中西部城市绿色指数，这可以说明我国东部城市绿色水平始终高于我国中西部城市绿色水平。

表 3-24　2011—2019 年中国东部城市与中西部城市绿色变动情况

年份	东部城市绿色指数	中西部城市绿色指数
2011	0.3797	0.2067
2012	0.3964	0.2143
2013	0.4187	0.2326
2014	0.4610	0.2409
2015	0.4714	0.2675
2016	0.4821	0.2879
2017	0.4917	0.2768
2018	0.5102	0.2935
2019	0.5310	0.3026

从表 3-25 可以看出，我国不同区域城市开放指数都呈现出不同的趋势，即我国东部城市开放指数呈现出从下降到上升的趋势，而我国中西部城市开放指数呈现出不断上升的趋势。对于我国东部城市而言，2016 年我国东部城市开放指数达到了最低值，而 2019 年我国东部城市开放指数达到了最高值，两者之间的差距是 0.1248。对于我国中西部城市而言，2011 年我国中西部城市开放指数达到了最低值，而 2019 年我国中西部城市开放指数达到了最高值，两者之间的差距是 0.1134。同时，我国东部城市开放指数与我国中西部城市开放指数存在着明显的差距。此外，我国东部城市开放指数始终高于我国中西部城市开放指数，这可以说明我国东部城市开放水平始终高于我国中西部城市开放水平。

表 3-25　2011—2019 年中国东部城市与中西部城市开放变动情况

年份	东部城市开放指数	中西部城市开放指数
2011	0.3450	0.1851
2012	0.3375	0.1947
2013	0.3071	0.2029
2014	0.3026	0.2124
2015	0.2984	0.2127
2016	0.2588	0.2146
2017	0.2833	0.2192

续 表

年份	东部城市开放指数	中西部城市开放指数
2018	0.2960	0.2430
2019	0.3836	0.2985

从表3-26可以看出，我国不同区域城市共享指数都呈现出不断上升的趋势。对于我国东部城市而言，2011年我国东部城市共享指数达到了最低值，而2019年我国东部城市共享指数达到了最高值，两者之间的差距是0.0226。对于我国中西部城市而言，2011年我国中西部城市共享指数达到了最低值，而2019年我国中西部城市共享指数达到了最高值，两者之间的差距是0.0325。同时，我国东部城市共享指数与我国中西部城市共享指数存在着一定的差距。此外，我国东部城市共享指数始终高于我国中西部城市共享指数，这可以说明我国东部城市共享水平始终高于我国中西部城市共享水平。

表3-26 2011—2019年中国东部城市与中西部城市共享变动情况

年份	东部城市共享指数	中西部城市共享指数
2011	0.4523	0.4338
2012	0.4540	0.4361
2013	0.4548	0.4493
2014	0.4559	0.4499
2015	0.4583	0.4500
2016	0.4616	0.4541
2017	0.4631	0.4565
2018	0.4727	0.4640
2019	0.4749	0.4663

三、数字经济与城市经济高质量发展关系的拟合特征事实

前面已经描述和研究了中国城市数字经济与中国城市经济高质量发展的特征事实。接下来，为了更好地把握数字经济与城市经济高质量发展之间的关系，本书将线性拟合城市经济高质量发展与数字经济的相关数据，以便于对数字经济与城市经济高质量发展之间的关系进行初步判断，从而

为后续的实证分析提供有效的经验支持。具体的线性拟合结果如图3-9所示。

从图3-9可以看出，数字经济与城市经济高质量发展之间呈现正相关关系，这能够反映的是城市经济高质量发展会随着数字经济发展水平的变化而变化。

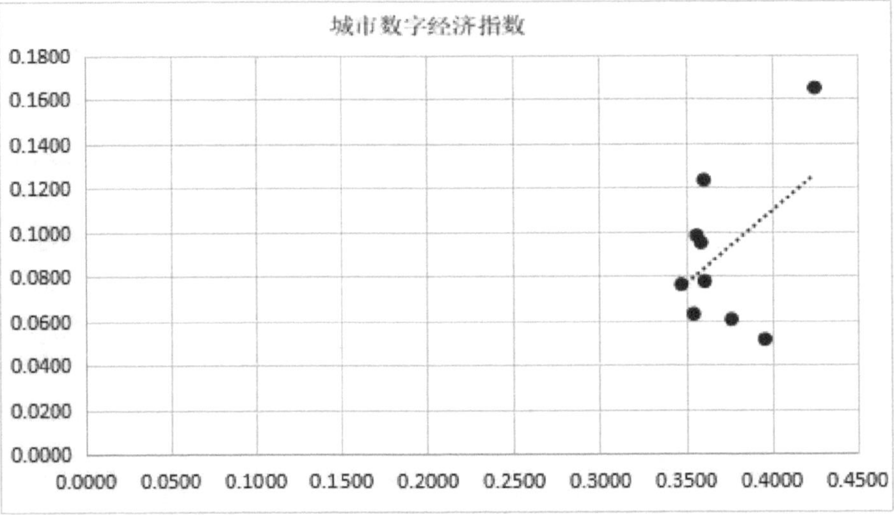

图3-9 数字经济与城市经济高质量发展关系的线性拟合图

本章小结

在这一章中，本书主要研究数字经济与城市经济高质量发展的测度与特征事实。一方面，能够更加明晰和准确地把握数字经济和城市经济高质量发展的现实情况；另一方面，通过线性拟合图来初步判断数字经济与城市经济高质量发展之间的关系，从而为后续研究提供有效的经验支持。为此，本章得出以下几个主要结论：

第一，在城市数字经济的测度方面，本书从互联网普及率、互联网相关从业人员、互联网相关产出、移动互联网用户数、数字金融普惠发展等五个维度构建中国城市数字经济发展水平评价指标体系，并且利用主成分分析法测算出中国城市数字经济指数，从而科学合理地评估中国城市数字经济发展水平。

第二，在城市经济高质量发展的测度方面，本书从创新、协调、绿色、开放、共享等五个维度构建中国城市经济高质量发展水平评价指标体系，并且采用熵权TOPSIS法对其进行测算。其中，创新维度采用创新投入和创新产出来考察，协调维度采用城乡结构、产业结构以及市际协调来考察，绿色维度采用环境污染和环境保护来考察，开放维度采用贸易依存度和外商投资来考察，共享维度采用收入、消费支出、医疗以及师资来考察。具体来说，创新投入采用科学技术支出和教育支出来衡量，创新产出采用单位GDP投入发明专利授权量和全要素生产率来衡量，城乡结构采用城乡收入比和城乡消费比来衡量，产业结构采用产业结构合理化和产业结构高级化来衡量，市际协调采用地区与全国人均GDP之比来衡量，环境污染采用废水排放、废气排放以及固体废物排放来衡量，环境保护采用森林覆盖率和建成区绿化覆盖率来衡量，贸易依存度采用外贸开放度来衡量，外商投资采用外资开放度来衡量，收入采用在岗职工平均工资来衡量，消费支出采用人均社会消费品零售总额来衡量，医疗采用人均医院、卫生院床位数来衡量，师资采用师生人数比来衡量。

第三，在城市数字经济的特征事实方面，2011—2019年我国城市数字经济指数呈现出不断上升的趋势，而且2011—2019年我国东部城市与我国中西部城市数字经济指数呈现出不同的趋势。同时，2011—2019年我国东部城市数字经济指数和各分维度指数都始终高于我国中西部城市数字经济指数。

第四，在城市经济高质量发展的特征事实方面，2011—2019年我国城市经济高质量发展指数呈现出“下降—上升—下降—上升”的趋势。同时，2011—2019年我国东部城市与我国中西部城市经济高质量发展指数都呈现出不同的趋势，而且我国东部城市经济高质量发展指数始终高于我国中西部城市经济高质量发展指数。此外，我国东部城市经济高质量发展分维度指数在考察期内始终高于我国中西部城市经济高质量发展分维度指数。

第五，在数字经济与城市经济高质量发展关系的拟合特征事实方面，数字经济与城市经济高质量发展之间呈现正相关关系，这可以说明数字经济发展水平越高，就越能促进城市经济高质量发展水平的提升。

第四章　数字经济对城市经济高质量发展影响的总体效应实证分析

在这一章中，本书在借鉴现有研究成果的基础上，构建数字经济对城市经济高质量发展影响的计量模型，并对其总体效应进行实证检验。这样一方面为本书的研究假设1提供经验证据；另一方面，为国家制定相应的政策提供经验证据。

第一节　问题的提出

改革开放40多年以来，我国经济的迅速发展取得了引人注目的成绩。目前，我国已经步入高质量发展的关键时期，对发展方式加以转变、对经济结构加以优化、对增长动力加以转化是这个时期的重要特征。高质量发展要求我们必须改变原来的粗放型经济发展模式，而这种粗放型经济发展模式主要依靠是对要素的投入。在全面建设社会主义现代化国家的过程中，最新阶段性目标旨在经济高质量发展，而在对其发展路径进行探索时，一个新的现实问题出现了，那就是怎样促使经济发展旧动能转化成经济发展新动能（任保平，2018）。显而易见，对经济发展新动能进行培育以驱动经济高质量发展，这个问题已经引起了社会各界的广泛关注。加之在新一代信息技术迅速推进的过程中，它与社会经济各方面加快了紧密结合，而这些新一代信息技术如人工智能、物联网、云计算、大数据等，已经成为驱动我国经济高质量发展的重要新引擎。城市是数字经济的重要载体，城市地域空间是它的资源汇聚地，其发展对当地城市和其他城市的经济发展都带来一定的影响。因此，本书将城市作为研究对象，以此来考察数字经济对城市经济高质量发展的影响，一方面有助于厘清数字经济与城市经济高质量发展之间的关系；另一方面，有助于解决如何正确处理数字经济与城市经济高质量发展之间的关系问题。

基于此，本书以2011—2019年中国284个地级及以上城市的面板数据为研究样本，就数字经济对城市经济高质量发展影响的总体效应进行考察。数字经济与城市经济高质量发展之间的关系是最基础的问题。它们之间的影响是否存在？它们之间的影响程度如何？它们之间的影响是否因为不同区域而产生变化？它们之间的关系是否因为数字经济发展水平和市场化程度而产生变化？为了讨论上述问题，本章以城市为研究对象，利用面板门槛模型、倾向得分匹配双重差分法、面板固定效应模型等计量方法，揭示数字经济对城市经济高质量发展的影响效应与作用规律。

第二节　研究设计

一、模型构建

为了说明数字经济对城市经济高质量发展影响的总体效应，本章构建的计量模型为：

$$HQD_{it} = \beta_0 + \beta_1 DIE_{it} + \gamma X_{it} + \mu_i + \delta_t + \varepsilon_{it} \tag{4-1}$$

其中，在式（4-1）中，下标i和t分别代表城市和年份，μ_i代表不可观测的个体效应，γ、δ_t、ε_{it}、β_0分别表征控制变量的估计系数、不可观测的时间效应、随机误差项、截距项，而β_1代表核心解释变量的估计系数，即反映的是数字经济对城市经济高质量发展的直接影响效应。HQD_{it}代表城市i在t时期的城市经济高质量发展水平，DIE_{it}代表城市i在t时期的数字经济发展水平，X_{it}代表一系列控制变量，而这些控制变量影响城市经济高质量发展。结合现有的研究成果和数据的可获得性，本书以金融发展水平、生态环境水平、城市化水平、财政分权、外商直接投资等作为控制变量。为此，本书将模型（4-1）转变为：

$$HQD_{it} = \beta_0 + \beta_1 DIE_{it} + \gamma_1 FSD_{it} + \gamma_2 URB_{it} + \gamma_3 ECL_{it} + \gamma_4 FDL_{it} + \gamma_5 FDI_{it} + \mu_i + \delta_t + \varepsilon_{it} \tag{4-2}$$

其中，在式（4-2）中，控制变量包括财政分权（FSD）、城市化水平

（URB）、生态环境水平（ECL）、金融发展水平（FDL）、外商直接投资（FDI）。

二、变量选取

（一）被解释变量

本书的核心被解释变量为城市经济高质量发展。通过借鉴魏敏和李书昊（2018）、孙学涛（2021）、詹新宇和崔培培（2016）、杨卫丽等（2021）、马铁群和史安娜（2012）、钞小静和任保平（2011）等的研究思路，从创新、协调、绿色、开放、共享等五个维度构建指标体系，并且利用熵权TOPSIS法测算出的城市经济高质量发展指数作为城市经济高质量发展水平的衡量指标，记为HQD。具体的测度过程在第三章中已有所介绍，故在此处不再赘述。

（二）核心解释变量

本书的核心解释变量为数字经济。通过借鉴赵涛等（2020）的研究思路，从移动互联网用户数、互联网相关产出、互联网相关从业人员、互联网普及率、数字金融普惠发展等五个维度构建指标体系，并且利用主成分分析法对其进行测算而得到的结果来衡量数字经济发展水平，记为DIE。具体的测度过程在第三章中已有所介绍，故在此处不再赘述。

（三）控制变量

为了就数字经济对城市经济高质量发展的影响进行更加全面研究，本书设置控制变量，具体如下：①财政分权（FSD）。财政分权作为一种制度安排，它能够划分地方政府与中央政府的财政权力，再加之财政支出的结构、财政支出的方式在很大程度上是由财政分权来决定的，因而它影响了城市经济高质量发展。为此，借鉴刘建民和薛妍（2021）的研究思路，本书采用财政预算内收入占财政预算内支出的比重来衡量财政分权。②城市化水平（URB）。城市经济高质量发展既包含了公平的因素，又包含了效率的要求，而城市化是城市经济高质量发展过程中影响公平和效率的重要条件。为此，借鉴周忠宝等（2020）的研究思路，本书采用城市人口密度来衡量城市化水平。③生态环境水平（ECL）。基于这样的重要发展理念即生态环境保护与经济发展和谐统一，当自然资源环境对社会经济发展的影响大大加强和更刚性时，生态环境就像生产要素如劳动力、技术、资本、土地等一样变成了稀缺资源与更有价值的自然资本。为此，借鉴汤旖璆（2020）的研究思路，本书采用城市建成区绿化覆盖率来衡量生态环境水平。④金融发展水平（FDL）。金融是现代经济发展的血脉，金融的有力支持为经济的健康发展提供重要保障。所以，一国或地区金融发展强弱可以凭借这个指标加以体现。于是，借鉴崔艳娟和孙刚（2012）、卢万青和纪祥裕（2017）的研究思路，本书选取金融机构年末存贷款余额与GDP之比来衡量金融发展水平。⑤外商直接投资（FDI）。自主创新能力会受到外商直接投资的影响，从而影响城市经济高质量发展。同时，外商直接投资的引入会加剧企业竞争，其中低效率的企业面临的结果是被大企业并购或被淘汰，而其他企业就会在产业之间对资源配置进行优化，这给城市经济高质量发展带来影响。再者，城市经济高质量发展蕴含绿色经济发展的内容，而环境规制的实施对绿色经济发展带来一定的影响，从而影响城市经济高质量发展。于是，外商直接投资对城市经济高质量发展产生间接影响。为此，借鉴黄亮雄等（2021）的研究思路，本书采用实际利用外资额占GDP的比重来衡量外商直接投资。其中，各变量的具体定义如表4-1所示。

表4-1 变量的定义与说明

变量类型	变量符号	变量含义	变量说明
被解释变量	HQD	城市经济高质量发展	运用熵权TOPSIS法测算的经济高质量发展指数
解释变量	DIE	数字经济	运用主成分分析法测算的数字经济指数
控制变量	FSD	财政分权	财政预算内收入/财政预算内支出
	URB	城市化水平	城市人口密度
	ECL	生态环境水平	建成区绿化覆盖率
	FDL	金融发展水平	金融机构年末存贷款余额/GDP
	FDI	外商直接投资	实际利用外资额/GDP

三、数据来源

数字经济与城市经济高质量发展的数据主要来源于本书第三章中的测算结果。本书的研究样本是2011—2019年284个地级及以上城市的面板数据。其中的数据来源包括《中国城市统计年鉴》、各省份统计年鉴、各地级市的统计年鉴、部分地级市统计年报等。此外，采用线性插值法处理缺失数据。其中，各变量的描述性统计结果如表4-2所示。

根据表4-2，从被解释变量和解释变量来看，城市经济高质量发展的均值是0.1084，标准差是0.3706，最小值是0.1752，最大值是0.8380，这说明各城市经济高质量发展水平差异较大；数字经济的均值是0.0899，标准差是1.0228，最小值是-3.1776，最大值是5.7728，这说明各城市数字经济发展水平差异也较大。也就是说，城市经济高质量发展与数字经济都呈现出"标准差较大、均值较小"的特点。从控制变量来看，各城市在财政分权、城市化水平、生态环境水平、金融发展水平、外商直接投资等方面也存在着较为明显的差异。

表4-2　各变量的描述性统计

变量名称	变量符号	观测值	均值	标准差	最小值	最大值
城市经济高质量发展	HQD	2556	0.1084	0.3706	0.1752	0.8380
数字经济	DIE	2556	0.0899	1.0228	-3.1776	5.7728
财政分权	FSD	2556	0.4636	0.2232	0.0689	1.5413
城市化水平	URB	2556	5.7441	0.9216	1.6292	7.9227
生态环境水平	ECL	2556	3.6590	0.2670	-1.0217	5.9311
金融发展水平	FDL	2556	2.4310	1.1491	0.6293	8.9156
外商直接投资	FDI	2556	0.0193	0.0266	0.0000	0.7413

第三节　基准模型检验

为了就数字经济对城市经济高质量发展的直接影响效应进行考察，本书报告了其基准回归估计结果（见表4-3）。

从表4-3可以看出，在模型设定时，应先进行豪斯曼检验。它的基本思想是随机误差项与解释变量出现同期相关性。一般来说，它是在一些相关变量被遗漏的情况下出现的结果。也就是说，外生性条件没有得到满足，从而促使OLS估计量出现了偏差和不一致的问题。所以，模型中的相关变量被遗漏、随机干扰项与解释变量的同期相关性存在一定的关联。因为P值是0.0000，比0.5小，所以固定效应模型是本书应该选择的模型。本书的稳健性检验可以避免多重共线性问题的出现，采用的方法是逐步回归。表4-3的模型（1）只加入解释变量进行检验，其估计系数为正，而且在统计上显著，这表示数字经济显著推动城市经济高质量发展。模型（2）到模型（6）依次加入财政分权、城市化水平、生态环境水平、金融发展水平、外商直接投资等控制变量，发现数字经济对城市经济高质量发展具有显著的促进作用，它更进一步地反映了数字经济影响城市经济高质量发展的实证结果是稳健的。此外，从总体来看，模型的解释力越来越强。

从核心解释变量来看，其估计系数为正，而且在统计上显著，这表示数字经济显著推动城市经济高质量发展。以此同时，不管加入多少控制变量，数字经济与城市经济高质量发展之间关系的显著性并没有变化，但是其估计系数即作用效果却在不断地发生变化。所以，以上结果验证了本书的研究假设1。

从控制变量来看，城市化水平和财政分权的估计系数都为负，它表示城市化水平和财政分权都阻碍城市经济高质量发展。其中，城市规模的扩张对城市经济高质量发展产生一定的负面影响，这可能的原因是城市规模的扩张带来人口密度增大的同时，也产生了其他社会问题，比如城市污染、资源紧缺、公共服务设施不足等，所以城市化水平对城市经济高质量发展没有达到预期效果（刘荣增，2020）。生态环境水平的估计系数显著为正，这说明生态环境水平能够显著促进城市经济高质量发展，即构建人与自然和谐发展的新格局有利于确保城市经济高质量发展的可持续性。

金融发展水平的估计系数显著为正，这表示金融发展水平显著推动城市经济高质量发展。外商直接投资的估计系数为负，这表示外商直接投资抑制城市经济高质量发展，它背后的原因是技术依赖容易在外资引进的过程中产生，从而阻碍了我国创新能力水平的提高（李光龙和范贤贤，2019），因此它不利于城市经济高质量发展。

表4-3 基准模型检验结果

变量	模型(1)	模型(2)	模型(3)	模型(4)	模型(5)	模型(6)
DIE	0.0280*** (0.0037)	0.0352*** (0.0040)	0.0338*** (0.0064)	0.0336*** (0.0036)	0.0286*** (0.0038)	0.0417*** (0.0056)
FSD		-0.0625 (0.0453)	-0.0564 (0.0358)	-0.0560 (0.0458)	-0.0698 (0.0160)	-0.0560 (0.0759)
URB			-0.0722* (0.0440)	-0.0701** (0.0348)	-0.0674* (0.0409)	-0.0556*** (0.0212)
ECL				0.0680** (0.0309)	0.0522** (0.0263)	0.0454*** (0.0164)
FDL					0.0966* (0.0544)	0.0951*** (0.0321)
FDI						-0.0561 (0.0646)
城市固定效应	是	是	是	是	是	是
年份固定效应	是	是	是	是	是	是
常数项	0.0375 (0.0380)	0.0342 (0.0803)	0.0302 (0.0252)	0.0279 (0.0349)	0.0256 (0.0351)	0.0262 (0.0348)
观测值	2556	2556	2556	2556	2556	2556
R^2	0.2843	0.2920	0.2868	0.2869	0.2874	0.2966

注：圆括号内是稳健标准误；***、**、*分别表示1%、5%、10%的显著性水平；下表同。

第四节 稳健性检验

本书继续进行稳健性检验的目的是确保前文实证结果是可靠的。其中，稳健性检验是观察评价方法和指标值表述能力的稳健性。换句话说，当某些参数发生变化时，评价方法和指标值对评价结果是不是维持相对一致和平稳的表述。假如某些参数发生变化，对该参数的研究将反复开展，观察伴随着参数设定的变动而变化的论证结果。而参数设定变更后，假如发现显著性和符号都发生了变化，这代表着它不具有稳健性，这时需要找出它的问题所在。稳健性检验方法有：第一种方法是把数据分类后进行回归，看结果是否稳健；第二种方法是用新变量代替原变量进行回归，看结果是否稳健；第三种方法是运用OLS、GMM等计量方法进行回归，看结果是否稳健。为此，本书接下来进行稳健性检验。

一、基于替换核心解释变量的稳健性检验

得到的分析结果可能由于选择的核心解释变量衡量指标的不同而出现不一致的情况。鉴于此，为了确保以上研究结论是稳健的，本书使用替换核心解释变量的衡量指标进行稳健性检验（见表4-4）。

具体而言，本书进一步借鉴赵滨元（2021）的研究思路，把数字经济的三重属性即技术创新、数据要素、载体平台结合起来，采用互联网宽带接入用户数替换数字经济来衡量数字经济发展水平。

表4-4的模型（1）和模型（2）分别报告了使用面板固定效应模型的估计结果。其中，模型（1）使用的是基准模型中的核心解释变量，而模型（2）使用的是替换的核心解释变量。从表4-4可以看出，第一栏呈现的是替换核心解释变量后的检验结果。结果发现它与前文基准回归估计结果中的数字经济的估计系数在符号、显著性上基本保持一致，说明在考察期内，数字经济的发展推动了城市经济高质量发展，这再次验证了其估计结果是稳健的。

表4-4　基于替换核心解释变量的稳健性检验结果

变量	模型(1)	模型(2)
DIE	0.0417***	0.0198**
	(0.0056)	(0.0095)
FSD	-0.0560	-0.0183*
	(0.0759)	(0.0107)
URB	-0.0556***	-0.0376
	(0.0212)	(0.0315)
ECL	0.0454***	0.0542***
	(0.0164)	(0.0152)
FDL	0.0951***	0.0157***
	(0.0321)	(0.0027)
FDI	-0.0561	-0.0107
	(0.0646)	(0.0075)

续 表

变量	模型(1)	模型(2)
城市固定效应	是	是
年份固定效应	是	是
常数项	0.0262 (0.0348)	0.0279 (0.0347)
观测值	2556	2556
R^2	0.2966	0.2561

二、基于替换被解释变量的稳健性检验

得到的分析结果可能由于选择的被解释变量衡量指标的不同而出现不一致的情况。鉴于此，为了确保以上研究结论是稳健的，本书使用替换被解释变量的衡量指标进行稳健性检验（见表4-5）。

具体而言，本书进一步借鉴李宗显和杨千帆（2021）的研究思路，采用全要素生产率（TFP）替换城市经济高质量发展来衡量城市经济高质量发展水平。

表4-5的模型（1）和模型（2）分别报告了使用面板固定效应模型的估计结果。其中，基准模型中的核心解释变量被运用于模型（1）中，而替换的被解释变量被运用于模型（2）中。从表4-5可以看出，它的第一栏报告了数字经济对替换城市经济高质量发展即全要素生产率的影响。结果发现它与前文基准回归估计结果中的数字经济的估计系数在符号、显著性上基本保持一致，说明在考察期内，数字经济的发展推动了城市经济高质量发展，这再次验证了其估计结果是稳健的。

表4-5 基于替换被解释变量的稳健性检验结果

变量	模型(1)	模型(2)
DIE	0.0417*** (0.0056)	0.0792*** (0.0252)
FSD	-0.0560 (0.0759)	-0.0218 (0.0273)

续 表

变量	模型(1)	模型(2)
URB	-0.0556***	-0.0156
	(0.0212)	(0.0469)
ECL	0.0454***	0.0688*
	(0.0164)	(0.0366)
FDL	0.0951***	0.0121*
	(0.0321)	(0.0067)
FDI	-0.0561	-0.0787
	(0.0646)	(0.0671)
城市固定效应	是	是
年份固定效应	是	是
常数项	0.0262	0.0159
	(0.0348)	(0.0154)
观测值	2556	2556
R^2	0.2966	0.3500

三、基于内生性问题处理的稳健性检验

对于前文基准回归估计结果而言，它可能会出现两种情况。具体来说，一种情况是偏差，另一种情况是不一致。而不管是哪种情况的出现，都是由于变量的内生性问题。根据经典计量经济学可知[①]，内生性问题存在三种情况，分别是互为因果、测量误差、遗漏变量。而数字经济与城市经济高质量发展之间的双向因果关系可能会存在。究其原因是：一方面，经济高质量发展水平较高的城市，它的互联网发展水平也会随之提高，从而促进了数字经济的应用和发展；另一方面，数字经济在某些方面带来了重要影响，比如促进消费、增加投资、扩大就业、提高创新力与竞争力等。所以，数字经济与城市经济高质量发展相互影响，相互制约。为此，应检验内生性问题。其中，有效解决内生性问题的主要方法之一是工具变量法。为了确保以上研究结论是稳健的，考虑采取工具变量法对其进行稳健性检验（见表4-6）。

① 伍德里奇.计量经济学导论［M］.费剑平，译.北京：中国人民大学出版社，2007.

第一，选择的工具变量是数字经济的滞后2阶和滞后3阶，这样能够对数字经济的长期效应进行判断。而将差分GMM估计方法同时考虑进去，不仅能够考虑到数字经济的长期效应，而且也能够得到更好的工具变量。表4-6结果表明，前文基准回归估计结果是稳健的，然而运用差分GMM方法进行估计时，结果发现所有工具变量都有效的原假设是无法拒绝的，而这并没有将内生性问题排除在外，所以需要进一步将系统GMM方法考虑其中。

第二，选择的工具变量是数字经济的滞后2阶和滞后3阶，并运用系统GMM方法进行估计。结果显示，数字经济的估计系数与表4-3中模型（6）的估计系数相比，它们的显著性是一样的，而且通过Sargan检验和AR（2）检验结果发现，所有的工具变量都是有效的，即意味着在本书考虑了内生性问题后，前文基准回归估计结果是稳健的。

第三，为了更好地对研究结果的稳健性进行验证，将两阶段最小二乘法即2SLS结合起来，考虑选择的工具变量是数字经济的滞后2阶和滞后3阶。在工具变量被纳入进去以后，数字经济的估计系数与表4-3中模型（6）的估计系数相比，它们的显著性是一样的。这说明在本书中得到的研究结论并不会因为内生性问题而产生实质性的改变，前文基准回归估计结果是稳健的。

表4-6 基于内生性问题处理的稳健性检验结果

变量	差分GMM		系统GMM		2SLS	
	滞后2阶	滞后3阶	滞后2阶	滞后3阶	滞后2阶	滞后3阶
DIE	0.0178***	0.0155***	0.0294***	0.0217***	0.0414*	0.0454***
	(0.0052)	(0.0011)	(0.0055)	(0.0046)	(0.0230)	(0.0175)
L.HQD	0.0639***	0.0637***	0.0862***	0.0815***		
	(0.0193)	(0.0215)	(0.0109)	(0.0145)		
FSD	−0.0199*	−0.0193	−0.0134	−0.0104	−0.0180	−0.0102
	(0.0103)	(0.0123)	(0.0134)	(0.0106)	(0.0136)	(0.0177)
URB	−0.0343	−0.0188	−0.0221	−0.0103	−0.0391*	−0.0239
	(0.0210)	(0.0246)	(0.0336)	(0.0342)	(0.0218)	(0.0306)
ECL	0.0516**	0.0762**	0.0599*	0.0254*	0.0225*	0.0373*
	(0.0254)	(0.0382)	(0.0332)	(0.0148)	(0.0132)	(0.0219)

续 表

变量	差分GMM		系统GMM		2SLS	
	滞后2阶	滞后3阶	滞后2阶	滞后3阶	滞后2阶	滞后3阶
FDL	0.0607***	0.0607***	0.0691***	0.0699***	0.0401*	0.0416*
	(0.0165)	(0.0184)	(0.0106)	(0.0167)	(0.0244)	(0.0231)
FDI	-0.0440	-0.0462	-0.0469	-0.0424	-0.0495	-0.0408
	(0.0607)	(0.0656)	(0.0696)	(0.0659)	(0.0820)	(0.0700)
城市固定效应	是	是	是	是	是	是
年份固定效应	是	是	是	是	是	是
常数项	0.0862***	0.0104	0.0233	0.0343		
	(0.0292)	(0.0373)	(0.0147)	(0.0247)		
观测值	1496	1496	2526	2526	1496	1466
R^2					0.3037	0.3106
AR(1)检验	-0.174		-0.102	-0.140		
	[0.005]		[0.001]	[0.001]		
AR(2)检验	-0.183		-0.173	-0.151		
	[0.611]		[0.814]	[0.812]		
Sargan检验	[0.000]	[0.000]	[0.245]	[0.302]		
Hansen检验			[1.000]	[1.000]		
Kleibergen-Paap rk LM检验					[0.002]	[0.000]
Kleibergen-Paap rk Wald F检验					[0.004]	[0.000]

注：方括号内是P值。

四、基于外生政策冲击的稳健性检验

一般来说，一座城市的数字经济发展水平往往受到诸多因素的影响，比如对外开放程度、产业技术水平、市场规模等，而这些因素反过来也会对城市经济高质量发展产生重要影响。所以，为了确保以上研究结论是稳健的，本书将考虑外生政策冲击的影响，而这个外生政策冲击就是“宽带中国”试点的网络基础设施的升级。我们对这一现实问题进行评估时运用倾向得分匹配双重差分（PSM-DID）法。选择这个方法的原因在于：一是非随机样本缺失问题可能在调查过程中存在，利用倾向得分匹配能够让样本自选择偏差得到缓解；二是通过双重差分方法，能够让不随时间变化遗漏变量的干扰得到消除。它主要表现在：一方面，数字经济的深层次发展离不开网络基础设施的升级，而网络基础设施的升级有助于网络性能和服务质量的提高；另一方面，试点政策为本书提供的准自然实验研究策略良好，因为它存在扩容式的特点。

2013年8月，国务院正式出台《国务院关于印发“宽带中国”战略及实施方案的通知》，使得宽带网络基础设施建设得以顺利开展。鉴于此，政府逐渐推行宽带网络基础设施建设。国家发展和改革委员会、工业和信息化部设立120个城市（群）作为“宽带中国”示范点，它落实的时间分别是2014年、2015年、2016年。入选示范点的这些城市应该在某些方面有所改进，具体表现在增加网络覆盖范围、加强宽带网络提速、扩大宽带用户规模，通过这些方式对经济社会发展起到推动作用。入选城市相应的指标（见表4-7）在历经3年左右的建设期以后应实现在全国水平之上。由此可见，试点城市宽带网络基础设施建设水平的提高是能够实现的，而且它是在具有地方特色的宽带发展模式和“宽带中国”战略的相互协作下实现的，能够在“宽带中国”试点对城市经济高质量发展的政策效果评价方面提供一定的事实依据。

表4-7 “宽带中国”示范城市建设指标

指标序号	指标内容
（一）	8 Mbps及以上宽带用户渗透率达到35%
（二）	4 Mbps及以上宽带用户渗透率达到80%
（三）	3 G/LTE移动电话人口普及率达到40%
（四）	固定宽带家庭普及率达到55%
（五）	农村家庭4 Mbps及以上宽带接入能力达到90%
（六）	城市家庭20 Mbps及以上宽带接入能力达到85%

本书通过倾向得分匹配双重差分法对其进行回归，从而得到表4-8的检验结果。需要注意的是BCP表示当年是否是“宽带中国”试点城市，是则取1，否则取0。从表4-8可以看出，“宽带中国”试点能够显著促进城市经

济高质量发展。这可能的原因是在新时期，国家信息发展能力的重要内容之一就是宽带网络基础设施建设，它既能够对创新资源的连接与组合方式进行更改，使得其交易成本大大减少，直接推动城市技术创新；也能够对经济增长、资源配置起到一定的推动作用，得益于宽带网络基础设施建设具有非常重要的特性，即先导性、前沿性、战略性等。它主要表现在：一方面，宽带网络基础设施等硬件投入的边际成本会随着用户规模的变化而发生变化，即它的边际成本随着用户规模的增加而不断降低，而边际收益却呈现一种不断递增的趋势，这些是梅特卡夫法则和网络边际成本递减规律的表现。同时，这些也能够带来较强的规模经济效应，从而为企业加快研发创新提供良好的环境。另一方面，宽带网络基础设施建设通过网络技术平台加快信息知识、数据之间的传递，促使技术创新的兼容性和延展性得到提高，而且能够降低创新不确定性风险，从而加快企业技术创新。但是，创新要素向宽带网络基础设施发达的地区加快聚集，从而导致技术创新的网络叠加效应产生，最终促使城市加快技术创新，而这些都是技术报酬递增和网络边际成本递减这两种规律双重作用下所产生的结果。因此，在考虑外生政策冲击后，前文基准回归估计结果仍然是稳健的。

表4-8　基于外生政策冲击的稳健性检验结果

变量	模型(1)	模型(2)
BCP	0.0747*** (0.0111)	0.0808*** (0.0299)
FSD		−0.0517** (0.0211)
URB		−0.0561 (0.0367)
ECL		0.0616*** (0.0102)
FDL		0.0201* (0.0122)
FDI		−0.0351 (0.0298)

续 表

变量	模型(1)	模型(2)
城市固定效应	是	是
年份固定效应	是	是
常数项	0.0371**	0.0329
	(0.0146)	(0.0212)
观测值	2556	2556
R^2	0.1315	0.1888

第五节 扩展性讨论

一、异质性检验

我国国土面积辽阔，然而各城市在某些方面差异明显。而这些方面的不同造成了产业布局和经济发展存在的差异较大。例如：东部城市、中心城市大多相对发达，而中西部城市、外围城市大多相对落后，两者具有明显的差异。因此，本书将研究区域划分成东部城市与中西部城市、中心城市与外围城市，而前者本书参照的是一般文献的划分，后者本书将直辖市、副省级城市和主要城市划分成中心城市，其他城市划分成外围城市。通过这两类划分，旨在揭示数字经济对不同区域、不同层级城市经济高质量发展的影响。

本书选择OLS和系统GMM两种估计方法对数字经济影响城市经济高质量发展在区域层面上的异质性进行考察。在运用系统GMM方法进行估计时，通过选取工具变量来处理检验过程中变量可能存在的内生性问题。从表4-9和表4-10可以看出，数字经济显著推动不同区域、不同层级城市经济高质量发展，同时数字经济的估计系数在不同区域呈现出明显的异质性。接着，进一步比较数字经济对不同区域城市经济高质量发展的影响。

表4-9显示，从通过运用OLS估计方法所得到的模型（1）检验结果来看，数字经济对东部城市经济高质量发展影响的估计系数是0.0344，数字经济对中西部城市经济高质量发展影响的估计系数是0.0104，而且它们在

统计上都显著，这充分说明了数字经济对东部城市经济高质量发展的正向促进作用比数字经济对中西部城市经济高质量发展的正向促进作用要高。从通过运用系统GMM估计方法所得到的模型（2）检验结果来看，数字经济对东部城市经济高质量发展影响的估计系数是0.0245，数字经济对中西部城市经济高质量发展影响的估计系数是0.0199，而且它们在统计上都显著，这充分说明了数字经济对东部城市经济高质量发展的正向促进作用比数字经济对中西部城市经济高质量发展的正向促进作用要高。

表4-10显示，从通过运用OLS估计方法所得到的模型（1）检验结果来看，数字经济对中心城市经济高质量发展影响的估计系数是0.0579，数字经济对外围城市经济高质量发展影响的估计系数是0.0431，而且它们在统计上都显著，这充分说明了数字经济对中心城市经济高质量发展的正向促进作用比数字经济对外围城市经济高质量发展的正向促进作用要高。从通过运用系统GMM估计方法所得到的模型（2）检验结果来看，数字经济对中心城市经济高质量发展影响的估计系数是0.0518，数字经济对外围城市经济高质量发展影响的估计系数是0.0105，而且它们在统计上都显著，这反映了数字经济对中心城市经济高质量发展的正向促进作用比数字经济对外围城市经济高质量发展的正向促进作用要高。

而出现这一结果可能的原因是东部城市与中心城市容易将大量的先进生产要素集聚起来，比如技术、资本、人才等，而且不管是产业集聚程度还是数字经济基础都是比较发达的，这些为数字经济的发展和技术创新都提供了重要的条件；同时，东部城市、中心城市比中西部城市、外围城市在释放数字经济红利上更加容易，这是数字经济的特性所导致的，表现为数字经济能够逆向渗透三次产业，所以在一定程度上对东部城市与中心城市经济高质量发展起到推动作用，而中西部城市与外围城市不仅数字经济与实体经济之间的融合存在障碍，且中西部城市与外围城市也在数字技术应用方面与东部城市与中心城市相比存在的差距较大。所以，数字经济对东部城市与中心城市经济高质量发展产生的影响比中西部城市与外围城市更大。此外，其余变量的估计结果全文基本一致，故后文不再赘述。

表 4-9 基于不同区域的异质性检验结果

变量	模型(1)		模型(2)	
	东部城市	中西部城市	东部城市	中西部城市
DIE	0.0344*** (0.0132)	0.0104*** (0.0040)	0.0245** (0.0121)	0.0199* (0.0103)
FSD	-0.0281 (0.0231)	-0.0397 (0.0346)	-0.0631 (0.0436)	-0.0590 (0.0439)
URB	-0.0357 (0.0377)	-0.0647 (0.0625)	-0.0625*** (0.0195)	-0.0217 (0.0206)
ECL	0.0693*** (0.0109)	0.0499** (0.0226)	0.0669** (0.0261)	0.0243* (0.0138)
FDL	0.0124 (0.0126)	0.0387 (0.0337)	0.0183*** (0.0069)	0.0160 (0.0279)
FDI	-0.0301 (0.0631)	-0.0482* (0.0251)	-0.0336 (0.0728)	-0.0136 (0.0431)
L.HQD			0.0855*** (0.0303)	0.0151* (0.0080)
城市固定效应	是	是	是	是
年份固定效应	是	是	是	是
常数项	-0.0207 (0.0229)	0.0363 (0.0349)	-0.0566 (0.0405)	-0.0346*** (0.0118)
观测值	1080	1476	840	1148
R^2	0.2849	0.1148		
AR(1)检验			-0.192 [0.009]	-0.142 [0.019]
AR(2)检验			-0.110 [0.655]	-0.136 [2.391]
Hansen 检验			[1.000]	[1.000]

表 4-10 基于不同层级的异质性检验结果

变量	模型(1)		模型(2)	
	中心城市	外围城市	中心城市	外围城市
DIE	0.0579**	0.0431**	0.0518**	0.0105*
	(0.0289)	(0.0216)	(0.0259)	(0.0062)
FSD	-0.0234	-0.0375	-0.0489	-0.0381
	(0.0156)	(0.0250)	(0.0326)	(0.0254)
URB	-0.0789	-0.0418	-0.0455	-0.0313*
	(0.0526)	(0.0278)	(0.0303)	(0.0224)
ECL	0.0217**	0.0293*	0.0342***	0.0605**
	(0.0108)	(0.0190)	(0.0114)	(0.0302)
FDL	0.0454	0.0488	0.0417	0.0350
	(0.0302)	(0.0406)	(0.0278)	(0.0233)
FDI	-0.0374	-0.0311	-0.0486*	-0.0264
	(0.0287)	(0.0222)	(0.0270)	(0.0176)
L.HQD			0.0562**	0.0345*
			(0.0281)	(0.0192)
城市固定效应	是	是	是	是
年份固定效应	是	是	是	是
常数项	0.0435	0.0374	0.0396	0.0489
	(0.0290)	(0.0249)	(0.0264)	(0.0326)
观测值	1080	1476	840	1148
R^2	0.2830	0.2668		
AR(1)检验			-0.137	-0.162
			[0.004]	[0.002]
AR(2)检验			-0.148	-0.179
			[0.713]	[1.055]
Hansen 检验			[1.000]	[1.000]

二、非线性检验

从上文可知，数字经济虽然显著推动城市经济高质量发展，但是在不同区域上存在着明显的异质性。从不同区域来看，数字经济对东部城市经济高质量发展的正向效应高于中西部城市。这些结果引人深思，为什么数字经济对城市经济高质量发展的影响在全样本和分样本中呈现出不同的特征？按照现有的研究成果（刘洋和陈晓东，2021；梁琦等，2021）看，究其原因是它们之间存在一种非线性关系，即数字经济对城市经济高质量发展的影响可能还存在着一个拐点值，在拐点值前后数字经济对城市经济高质量发展的影响是不同的。也就是说，从约束机制来看，数字经济对城市经济高质量发展的正向促进作用可能还受到其他因素的影响。

基于以上分析，本书采用面板门槛模型就数字经济对城市经济高质量发展影响的非线性效应进行实证检验，以期对数字经济影响城市经济高质量发展的门槛特征与作用规律进行研究。

（一）模型构建

更进一步，本书首先选择的门槛变量是数字经济（DIE），面板门槛模型设定为：

$$HQD_{it} = \alpha_0 + \alpha_1 DIE_{it} \times I(DIE_{it} \leqslant \gamma) + \alpha_2 DIE_{it} \times I(DIE_{it} > \gamma) + \beta_1 FSD_{it} + \beta_2 URB_{it} + \beta_3 ECL_{it} + \beta_4 FDL_{it} + \beta_5 FDI_{it} + \mu_i + \varepsilon_{it} \tag{4-3}$$

同时，本书再次选择的门槛变量是市场化（MKD），把数字经济与城市经济高质量发展之间非线性关系的面板门槛模型设定为：

$$HQD_{it} = \lambda_0 + \lambda_1 DIE_{it} \times I(MKD_{it} \leqslant \gamma) + \lambda_2 DIE_{it} \times I(MKD_{it} > \gamma) + \eta_1 FSD_{it} + \eta_2 URB_{it} + \eta_3 ECL_{it} + \eta_4 FDL_{it} + \eta_5 FDI_{it} + \mu_i + \varepsilon_{it} \tag{4-4}$$

其中，在式（4-3）和式（4-4）中，γ是待估门槛值，DIE_{it}和MKD_{it}是门槛变量，$I(\cdot)$是指示性函数，取值1或0。将研究样本划分为不同的样本区间，而这样做的依据是数字经济（DIE）或市场化（MKD）这两个门槛变量与门槛值γ的相对大小，而它们之间的主要区别可以通过估计系数α_1与α_2、λ_1与λ_2的不同得到体现。

（二）门槛效应检验

在应用面板门槛模型对数字经济与城市经济高质量发展之间的非线性关系进行验证时，必须处理两个问题，即估计门槛值、估计门槛变量与门槛值的估计系数。根据构建的模型（4-3）和模型（4-4），以期检验它们之间关系的门槛效应。

从表4-11和表4-12可以看出，将数字经济和市场化作为门槛变量时，都存在单一门槛和双重门槛效应。其中，它们的单一门槛值和双重门槛值分别是0.268和0.417、0.395和0.558，而相应的单一门槛对应的95%置信区间是［0.177，0.435］和［0.137，0.214］，而双重门槛对应的95%置信区间是［0.355，0.479］和［0.355，0.443］。

所以，当以数字经济和市场化作为门槛变量时，数字经济与城市经济高质量发展之间是一种非线性关系，因为它们之间存在2个最优门槛个数。而双重门槛模型能够对依赖变量与被解释变量的结构变化进行有效描述，并且减少自由度的损失是运用双重门槛模型能够实现的，所以本书选择的是双重门槛模型。

表4-11　门槛效应显著性检验结果

门槛变量	门槛模型	F值	P值	BS次数	临界值		
					1%	5%	10%
数字经济	单一门槛	30.42*	0.0414	500	55.5980	47.9630	36.4750
	双重门槛	35.14**	0.0420	500	62.5030	52.4050	40.9390
	三重门槛	7.52	0.1400	500	64.4200	51.3280	48.1400
市场化	单一门槛	34.02*	0.0253	500	24.4309	23.3514	21.1196
	双重门槛	40.36*	0.0436	500	19.4094	18.9188	15.4021
	三重门槛	41.88	0.1568	500	15.6300	13.0708	11.5855

注：P值和临界值都是采用bootstrap自抽样500次得到的结果；***、**、*分别表示1%、5%、10%的显著性水平。

表4-12　门槛估计值检验结果

门槛变量	门槛模型	门槛估计值	95%置信区间
数字经济	单一门槛	0.268	[0.177,0.435]
	双重门槛	0.417	[0.355,0.479]
市场化	单一门槛	0.395	[0.137,0.214]
	双重门槛	0.558	[0.355,0.443]

表4-13显示，从通过运用OLS估计方法所得到的模型（1）检验结果来看，当数字经济发展水平小于0.268时，数字经济的估计系数是0.0255，但是在统计上不显著，这说明数字经济对城市经济高质量发展的影响不显

著；当数字经济发展水平处于0.268和0.417之间时，数字经济的估计系数是0.0301，而且显著，这说明数字经济对城市经济高质量发展具有显著的正向促进作用；当数字经济发展水平大于0.417时，数字经济的估计系数是0.0309，而且显著，这说明数字经济对城市经济高质量发展具有显著的正向促进作用，而且促进作用从0.0255增加到0.0309，即数字经济对城市经济高质量发展的影响在此区间内是最大的，也就是说数字经济对城市经济高质量发展存在非线性的影响，而且边际效应递增。从通过运用系统GMM估计方法所得到的模型（2）检验结果来看，当数字经济发展水平小于0.268时，数字经济的估计系数是0.0181，但是在统计上不显著，这说明数字经济对城市经济高质量发展的影响不显著；当数字经济发展水平处于0.268和0.417之间时，数字经济的估计系数是0.0280，而且显著，这说明数字经济对城市经济高质量发展具有显著的正向促进作用；当数字经济发展水平大于0.417时，数字经济的估计系数是0.0364，而且显著，这说明数字经济对城市经济高质量发展具有显著的正向促进作用，而且促进作用从0.0181增加到0.0364，即数字经济对城市经济高质量发展的影响在此区间内是最大的，也就是说数字经济对城市经济高质量发展的影响具有边际效应递增的效果。

而出现这种现象可能的原因是在数字经济发展初期，数字技术作为一种通用型技术，发展水平较低，主要应用于像购物、教育、医疗等生活服务领域。于是在这样的情况下，数字经济尚未显著影响城市经济高质量发展。而在新一代信息技术日益发展的过程中，数字经济开始在生产制造领域得以出现和运用，而且有助于数字经济和实体经济融合发展的实现，对城市经济结构带来了一定的正向影响。与此同时，当数字技术超过某一发展水平之后，促使数字经济发展水平不断提高，产业比例关系相对完善，全要素生产率逐渐提升，从而推动了城市经济高质量发展。此外，政府部门还颁布了一些具体指导数字经济产业发展规划的政策，根据“奖补免减”对策对传统产业的数字化转型进行推进，所以数字经济促进城市经济高质量发展的作用明显增强。

表 4-13　以数字经济为门槛变量的门槛效应检验结果

变量	模型(1)	模型(2)
DIE_1	0.0255 (0.0617)	0.0181 (0.0120)
DIE	0.0301* (0.0182)	0.0280** (0.0140)
DIE_2	0.0309*** (0.0117)	0.0364*** (0.0121)
FSD	−0.0595** (0.0243)	−0.0366 (0.0270)
URB	−0.0102 (0.0221)	−0.0143 (0.0247)
ECL	0.0272* (0.0151)	0.0283** (0.0125)
FDL	0.0601** (0.0295)	0.0379*** (0.0138)
FDI	−0.0702 (0.0677)	−0.0792 (0.0703)
L.HQD		0.0426* (0.0217)
城市固定效应	是	是
年份固定效应	是	是
常数项	−0.0239 (0.0243)	−0.0596*** (0.0147)
观测值	2272	1988
R^2	0.1814	
AR(1)检验		−0.113 [0.001]
AR(2)检验		−0.120 [0.560]
Sargan检验		[0.738]
Hansen检验		[1.000]

表4-14显示，从通过运用OLS估计方法所得到的模型（1）检验结果来看，当市场化程度小于0.395时，数字经济的估计系数是0.0473，但是在统计上不显著，这说明数字经济尚未显著影响城市经济高质量发展；当市场化程度处于0.395和0.558之间时，数字经济的估计系数是0.0534，而且在10%的显著性水平上显著，这反映数字经济显著推动城市经济高质量发展；当市场化程度大于0.558时，数字经济的估计系数是0.0553，而且在1%的显著性水平上显著，这反映数字经济显著推动城市经济高质量发展，而且促进作用从0.0473增加到0.0553，即数字经济对城市经济高质量发展的影响在此区间内是最大的，也就是说数字经济对城市经济高质量发展存在非线性的影响，而且它的趋势是边际效应递增。从通过运用系统GMM估计方法所得到的模型（2）检验结果来看，当市场化程度小于0.395时，数字经济的估计系数是0.0317，但是在统计上不显著，这说明数字经济对城市经济高质量发展的影响并不显著；当市场化程度处于0.395和0.558之间时，数字经济的估计系数是0.0506，而且在10%的显著性水平上显著，这反映数字经济显著推动城市经济高质量发展；当市场化程度大于0.558时，数字经济的估计系数是0.0821，而且在5%的显著性水平上显著，这反映数字经济显著推动城市经济高质量发展，而且促进作用从0.0317增加到0.0821，即数字经济对城市经济高质量发展的影响在此区间内是最大的，也就是说数字经济对城市经济高质量发展存在非线性的影响，而且它的趋势是边际效应递增。

而出现这种现象可能的原因是在较低的市场化程度阶段，资源配置的手段是政府和市场相结合，具体表现为政府干预起主导作用，而市场引导起辅助作用，在数字经济的跨越式发展中不可忽视地方竞争所起的重要作用，而且地方竞争嵌入在既有的体制当中。在面临数字经济的激烈竞争时，政府能够利用宏观调控的手段将内部优势集中起来以加大对那些相对不发达城市的数字经济发展的帮扶，加之发现数字经济的发展能够促进经济转型升级的有效实现，在这样的背景下，市场能够在资源配置效率中发挥一定的辅助作用，在促进数字经济发展的同时也加快流动生产要素和提高资源配置效率，为城市经济高质量发展提供活力。可是，新的经济形态是数字经济的最本质属性，而市场经济在数字经济中发挥基础性作用。在市场化程度慢慢提高但是没有主导资源配置阶段，市场经济不成熟仍然是宏观调控面临的问题，而在要素资源配置中利用市场手段加以优化的作用受到了政府干预的制约。数据在数字经济中属于重要的生产要素，它不能有效地按照市场规律运行，也不能以市场为导向将其向其他相关的企业、行业、产业进行高效配置，这样一来城市经济高质量发展也会受到限制，由此造成它们之间的促进作用变得并不明显。而在较高的市场化程度、更加完善的市场机制阶段，要素资源配置在这种情况下得到提升，数字经济促使市场竞争更加激烈，对城市技术创新形成倒逼机制，从而促使城市经济高质量发展得以推进。

总而言之，数字经济对城市经济高质量发展的影响存在边际效应递增的效果，而且它从整体上会随着数字经济发展水平的提高或市场化程度的加深而越来越明显，未来应巩固数字经济为城市经济高质量发展带来的红利优势，同时逐步推进市场在资源配置中的主导作用，从而有效地发挥数字经济驱动城市经济高质量发展的积极效用。

表4-14　以市场化为门槛变量的门槛效应检验结果

变量	模型(1)	模型(2)
MKD_1	0.0473 (0.0337)	0.0317 (0.0244)
MKD	0.0534* (0.0314)	0.0506* (0.0266)
MKD_2	0.0553*** (0.0165)	0.0821** (0.0410)
FSD	-0.0437 (0.0290)	-0.0315* (0.0185)
URB	-0.0865* (0.0466)	-0.0794* (0.0478)
ECL	0.0965 (0.0695)	0.0442** (0.0183)
FDL	0.0329* (0.0192)	0.0193 (0.0188)
FDI	-0.0344 (0.0245)	-0.0282* (0.0165)

续 表

变量	模型(1)	模型(2)
L.HQD		0.0414*
		(0.0230)
城市固定效应	是	是
年份固定效应	是	是
常数项	0.0254	0.0155
	(0.0268)	(0.0120)
观测值	2265	1981
R^2	0.1632	
AR(1)检验		-0.103
		[0.004]
AR(2)检验		-0.156
		[0.259]
Sargan 检验		[0.596]
Hansen 检验		[1.000]

本章小结

在这一章中，本书在充分借鉴现有研究成果的基础上，结合上一章从互联网普及率、互联网相关从业人员、互联网相关产出、移动互联网用户数、数字金融普惠发展等五个维度构建中国城市数字经济发展水平评价指标体系，并且在测度方法上选择主成分分析法对其进行测算，而从创新、协调、绿色、开放、共享等五个维度构建中国城市经济高质量发展水平评价指标体系，并且在测度方法上选择熵权 TOPSIS 法对其进行测算。于是，通过实证检验数字经济对城市经济高质量发展的影响效应，以期为中国制定适宜的数字经济发展政策、实现数字经济的增长效能与城市经济高质量发展的双赢提供经验参考和决策依据。为此，本章得出以下几个主要结论：

第一，基于基准模型检验结果可以看出，数字经济对城市经济高质量发展产生显著的正向促进作用；财政分权、城市化水平、外商直接投资都对城市经济高质量发展产生负向阻碍作用，而生态环境水平和金融发展水平对城市经济高质量发展都具有显著的正向促进作用。而且在进行四种稳健性检验方法即外生政策冲击、内生性问题处理、替换被解释变量、替换核心解释变量以后，基准回归估计结果仍然是稳健的。

第二，基于异质性检验结果可以看出，不管是东部城市与中西部城市还是中心城市与外围城市，数字经济对城市经济高质量发展都具有显著的正向促进作用，而且数字经济的影响系数在不同区域呈现出明显的异质性。具体来说，数字经济对东部城市、中西部城市经济高质量发展影响的估计系数分别是0.0344和0.0104、0.0245和0.0199，而且它们都在统计上显著，这充分说明了数字经济对东部城市经济高质量发展的正向促进作用比数字经济对中西部城市经济高质量发展的正向促进作用要高。数字经济对中心城市、外围城市经济高质量发展影响的估计系数分别是0.0579和0.0431、0.0518和0.0105，而且它们都在统计上显著，这充分说明了数字经济对中心城市经济高质量发展的正向促进作用比数字经济对外围城市经济高质量发展的正向促进作用要高。

第三，基于门槛效应检验结果可以看出，将数字经济和市场化作为门槛变量时，数字经济与城市经济高质量发展之间是一种非线性关系，这是因为它们之间存在2个最优门槛个数。具体而言：（1）当以数字经济作为门槛变量时，从通过运用OLS估计方法所得到的检验结果来看，数字经济对城市经济高质量发展的促进作用从0.0255增加到0.0309，也就是说数字经济对城市经济高质量发展的非线性影响存在边际效应递增的作用。（2）当以数字经济作为门槛变量时，从通过运用系统GMM估计方法所得到的检验结果来看，数字经济对城市经济高质量发展的促进作用从0.0181增加到0.0364，也就是说数字经济对城市经济高质量发展的非线性影响存在边际效应递增的作用。（3）当以市场化作为门槛变量时，从通过运用OLS估计方法所得到的检验结果来看，数字经济对城市经济高质量发展具有显著的正向效应，而且促进作用从0.0473增加到0.0553，也就是说数字经济对城市经济高质量发展的非线性影响存在边际效应递增的作用。（4）当以市场化作为门槛变量时，从通过运用系统GMM估计方法所得到的检验结果来看，数字经济对城市经济高质量发展的促进作用从0.0317增加到0.0821，也就是说数字经济对城市经济高质量发展的非线性影响存在边际效应递增的作用。

第五章　数字经济对城市经济高质量发展影响的中介效应实证分析

在现有研究成果的基础上，并结合本书第二章的理论分析，本章实证检验数字经济对城市经济高质量发展影响的中介效应，它主要包括人力资本、技术创新、产业结构升级这三个方面，从而在为本书的研究假设2提供经验证据的同时，也为后续研究提供借鉴。

第一节　问题的提出

近些年来，随着数字经济的迅速发展，数字经济与经济高质量发展之间的关系受到学术界的高度关注。当前，在数字经济与经济高质量发展之间关系方面的相关文献较多，主要围绕两个层面即理论与实证进行分析。在理论研究层面上，荆文君和孙宝文（2019）从微观、宏观两个角度入手，就数字经济对经济高质量发展影响的作用机理进行了探析①。丁志帆（2020）在微观、中观、宏观三个角度的分析框架的基础上，对数字经济影响经济高质量发展的内在机理进行考察。任保平（2020）指出，数字经济能够推动经济高质量发展，但它是通过三大机制即质量变革、效率变革、动力变革来实现的。在实证研究层面上，赵涛等（2020）研究发现，数字经济显著推动经济高质量发展。宁朝山（2020）研究发现，数字经济在很大程度上能够对经济高质量发展起到显著的促进作用，然而它存在明显的区域异质性②。张蕴萍等（2021）研究发现，数字经济通过提升人力资本水

① 荆文君，孙宝文．数字经济促进经济高质量发展：一个理论分析框架［J］．经济学家，2019（02）：66-73.

② 宁朝山．基于质量、效率、动力三维视角的数字经济对经济高质量发展多维影响研究［J］．贵州社会科学，2020（04）：129-135.

平和产业结构升级有效推动了经济高质量发展，而且该效应在东部与中西部地区之间存在区域异质性。

总而言之，本章将中国284个地级及以上城市的面板数据作为研究对象，同时将数字经济、人力资本或技术创新或产业结构升级以及城市经济高质量发展纳入同一个分析框架，从而对其进行深入研究。所以，本章就数字经济对城市经济高质量发展影响的中介效应进行实证检验，以便于厘清它们之间的关系。

第二节　研究设计

一、模型构建

虽然在上一章中已经实证检验了数字经济对城市经济高质量发展影响的总体效应，但是数字经济凭借哪些中间渠道对城市经济高质量发展产生间接影响，这就需要进行中介效应分析，它们都应做更进一步的实证检验。因此，本书将中介效应模型纳入其中，就解释变量对被解释变量的影响机理和影响过程进行验证。和对解释变量影响的同类研究进行单纯分析相比，中介效应模型在方法和结果上更具有优势。

近来，现有大量的研究文献采用中介效应模型来分析问题，而且它也在诸多领域都取得了广泛运用。

中介效应指的是在解释变量X对被解释变量Y的影响过程中，解释变量X可以对变量M造成影响，而变量M又可以对被解释变量Y造成影响的一种关系。其中，变量M是中介变量。为了识别数字经济是否通过中介变量对城市经济高质量发展产生显著的影响，本书借鉴Baron和Kenny（1986）的研究思路，将中介效应模型设定为：

$$HQD_{it} = \gamma_0 + \gamma_1 DIE_{it} + \varphi X_{it} + \mu_i + \varepsilon_{it} \quad (5\text{-}1)$$

$$M_{it} = \lambda_0 + \lambda_1 DIE_{it} + \delta X_{it} + \psi_i + \nu_{it} \quad (5\text{-}2)$$

$$HQD_{it} = \eta_0 + \eta_1 DIE_{it} + \zeta M_{it} + \sigma X_{it} + \theta_i + \xi_{it} \quad (5\text{-}3)$$

其中，在模型（5-1）至模型（5-3）中，下标i和下标t分别代表城市和年份，φ，δ，σ与γ_1，λ_1，η_1分别代表一系列控制变量和核心解释变量的估计系数，γ_0，λ_0，η_0代表截距项，μ_i，ψ_i，θ_i表征不可观测的个体效应，ε_{it}，ν_{it}，ξ_{it}表征随机误差项，HQD_{it}代表城市经济高质量发展，DIE_{it}代表数字经济，X_{it}代表一系列控制变量，M_{it}代表中介变量。结合数据的可获得性和现有的研究成果，本书选择财政分权、城市化水平、生态环境水平、金融发展水平、外商直接投资等作为控制变量。于是，把模型（5-1）、模型（5-2）、模型（5-3）转化为：

$$HQD_{it} = \gamma_0 + \gamma_1 DIE_{it} + \varphi_1 FSD_{it} + \varphi_2 URB_{it} + \varphi_3 ECL_{it} + \varphi_4 FDL_{it} + \varphi_5 FDI_{it} + \mu_i + \varepsilon_{it} \tag{5-4}$$

$$M_{it} = \lambda_0 + \lambda_1 DIE_{it} + \delta_1 FSD_{it} + \delta_2 URB_{it} + \delta_3 ECL_{it} + \delta_4 FDL_{it} + \delta_5 FDI_{it} + \psi_i + \nu_{it} \tag{5-5}$$

$$HQD_{it} = \eta_0 + \eta_1 DIE_{it} + \zeta M_{it} + \sigma_1 FSD_{it} + \sigma_2 URB_{it} + \sigma_3 ECL_{it} + \sigma_4 FDL_{it} + \sigma_5 FDI_{it} + \theta_i + \xi_{it} \tag{5-6}$$

其中，在上式中，控制变量包括财政分权（FSD）、城市化水平（URB）、生态环境水平（ECL）、金融发展水平（FDL）、外商直接投资（FDI）。M表示中介变量，包括人力资本（HUC）、技术创新（TIN）、产业结构升级（ISU）。

中介效应检验方法的具体操作步骤：首先，对模型（5-1）做基准回归检验，证明它们之间的关系，如果$\gamma_1>0$且显著，则表示数字经济显著促进城市经济高质量发展；其次，对模型（5-2）做回归检验，进一步对数字经济与中介变量之间的关系进行验证。而它具体又可以归纳为如下两种情况：第一种情况是在中介变量M是人力资本（HUC）、技术创新（TIN）、产业结构升级（ISU）时，数字经济的估计系数假设为$\gamma_1>0$；第二种情况是在中介变量是人力资本（HUC）、技术创新（TIN）、产业结构升级（ISU）时，数字经济的估计系数假设为$\gamma_1<0$；最后，对模型（5-3）做回归检验，如果$\gamma_1>0$，$\lambda_1>0$且$0<\eta_1<\gamma_1$同时满足，则表示具有正向中介效应；如果$\lambda_1<0$，$\gamma_1>0$，$\eta_1>0$且$\eta_1>\gamma_1$同时满足，则表示具有负向中介效应。

二、变量选取

在构建以上中介效应模型的过程中，变量的选取至关重要，所选的变量应该包括被解释变量、核心解释变量、控制变量以及中介变量。其中，城市经济高质量发展（HQD）和数字经济（DIE）分别是被解释变量和核心解释变量，而控制变量选择财政分权（FSD）、城市化水平（URB）、生态环境水平（ECL）、外商直接投资（FDI）、金融发展水平（FDL）。这些变量前文已解释，故在此处不再赘述。

中介变量为人力资本（HUC）、技术创新（TIN）、产业结构升级（ISU）。具体来说，在人力资本的测度方面，它主要采用识字率、大学生受教育比例、历史上明清时期的进士数量、平均受教育年限、每万人大学生人数等衡量指标。为此，本书借鉴王振华等（2020）的研究思路，使用每万人大学生人数来表征人力资本，记为HUC。在技术创新的测度方面，主要采用的衡量指标有专利与新产品销售收入。其中，在技术创新中，它的核心产物在于专利，而专利向新产品转化需要的时间比较长，新产品销售收入被视为工业尺度。结合指标的可获得性与准确性，对技术创新进行测度时采用专利指标是更加合适的。同时，专利包含了较多的不确定因素，因为它涉及的环节比较严格，即从申请到授权审批。所以，专利授权量并不能客观地对当期技术创新的真实水平进行反映。为此，本书借鉴郑万腾和赵红岩（2021）的研究思路，使用人均专利申请数来表征技术创新，记为TIN。在产业结构升级的测度方面，主要采用的指标有产业结构升级指数以及第二、第三产业产值之比等。而克拉克定律是实证研究中对产业结构升级进行衡量的基础。该定律指出，国民经济部门结构的重心会随着人均国民收入水平的变化而使得产业也跟着发生转移，它经历着第一产业到第二产业到第三产业的过程，况且产业结构高级化程度与第三产业所占比重呈正相关关系。在产业结构升级中，产业服务化是它的主要特点。为此，本书借鉴于斌斌（2015）的研究思路，使用第三、第二产业的产值之比来表征产业结构升级，记为ISU。其中，各变量的具体定义如表5-1所示。

表 5-1 变量的定义与说明

变量类型	变量名称	变量符号	变量说明
被解释变量	城市经济高质量发展	HQD	城市经济高质量发展指数
解释变量	数字经济	DIE	数字经济指数
	财政分权	FSD	财政预算内收入/财政预算内支出
	城市化水平	URB	城市人口密度
控制变量	生态环境水平	ECL	建成区绿化覆盖率
	金融发展水平	FDL	金融机构年末存贷款余额/GDP
	外商直接投资	FDI	实际利用外资金额/GDP
	人力资本	HUC	每万人大学生人数
中介变量	技术创新	TIN	人均专利申请数
	产业结构升级	ISU	第三产业的产值/第二产业的产值

三、数据来源

原始数据主要来源于中国研究数据服务平台（CNRDS）、国民经济和社会发展统计公报、各省（市、自治区）统计年鉴、《中国城市统计年鉴》等。本书以2011—2019年中国284个地级及以上城市的面板数据作为研究样本。为了获取平衡面板数据，本书对岳阳、哈密、吐鲁番、那曲、山南、林芝、昌都、日喀则、儋州、三沙、海东、毕节、铜仁、巢湖、拉萨进行了剔除。同时，本书连接了其他相关数据，然而襄阳这个城市并没有从中剔除。此外，本书采用线性插值法处理缺失数据。其中，各变量的描述性统计结果如表5-2所示。

在表5-2中，人力资本的均值是0.1886，标准差是2.0858，最小值是0.0001，最大值是0.1727；技术创新的均值是0.0014，标准差是0.0031，最小值是0.0000，最大值是0.0443；产业结构升级的均值是0.9310，标准差是0.5765，最小值是0.1136，最大值是5.3401。而其他变量的描述性统计结果在前文已经介绍，故在此不再赘述。

表5-2 各变量的描述性统计

变量名称	变量符号	观测值	均值	标准差	最小值	最大值
城市经济高质量发展	HQD	2556	0.1084	0.3706	0.1752	0.8380
数字经济	DIE	2556	0.0899	1.0228	-3.1776	5.7728
财政分权	FSD	2556	0.4636	0.2232	0.0689	1.5413
城市化水平	URB	2556	5.7441	0.9216	1.6292	7.9227
生态环境水平	ECL	2556	3.6590	0.2670	-1.0217	5.9311
金融发展水平	FDL	2556	2.4310	1.1491	0.6293	8.9156
外商直接投资	FDI	2556	0.0193	0.0266	0.0000	0.7413
人力资本	HUC	2556	0.1886	2.0858	0.0001	0.1727
技术创新	TIN	2556	0.0014	0.0031	0.0000	0.0443
产业结构升级	ISU	2556	0.9310	0.5765	0.1136	5.3401

第三节 人力资本的中介效应

一、基准模型检验

根据前文的研究可知，数字经济通过人力资本推动城市经济高质量发展。所以，这一节将以人力资本作为中介变量进行分析。本书认为进一步进行中介效应检验是合适的，这是因为数字经济对城市经济高质量发展具有显著的正向效应。其中，数字经济对城市经济高质量发展影响的人力资本中介效应检验结果见表5-3。为了确保该估计结果是可靠的，本书将利用Sobel检验对中介效应显著性检验进行判断，从而更好地就人力资本在数字经济对城市经济高质量发展的影响过程中起到的中介作用进行验证。

在表5-3中，模型（1）和模型（2）都是运用OLS估计方法得到的检验结果。模型（1）的回归结果显示，数字经济显著推动人力资本。模型（2）的回归结果显示，数字经济显著促进城市经济高质量发展，但是人力资本的估计系数并没有通过显著性检验，而且Sobel检验的P值是0.0467。0.0467小于0.05，也就是说Sobel检验显著，这说明人力资本在数字经济对城市经济高质量发展的影响过程中存在中介效应，即人力资本是影响数字经济与城市经济高质量发展之间关系的关键因素。而这可能的原因是数字经济的发展带动了相关行业的快速发展，比如产业互联网、消费互联网等，使得这些行业对人力资本的需求与以往对人力资本的需求不同，这时劳动力供给的技能水平得到不断提升以更好地让劳动力与市场状况相适应，从而让人力资本的价值得以扩大。此外，教育信息的传播离不开数字技术、相关产业的发展所带来的技术，教育资源更加丰富化，让劳动力的三种结构得以优化，而这三种结构是技能结构、知识结构、学历结构，通过提高劳动生产率来实现城市经济高质量发展。

本书进一步运用系统GMM方法进行估计，从而使得变量的内生性问题得到解决。模型（3）和模型（4）都是运用系统GMM估计方法得到的检验结果。模型（3）的回归结果显示，数字经济能够显著促进城市经济高质量发展。模型（4）的回归结果显示，数字经济、人力资本都能够显著促进城市经济高质量发展，而且数字经济对城市经济高质量发展影响的估计系数比前文基准回归估计结果中数字经济对城市经济高质量发展影响的估计系数要小，这说明人力资本在数字经济对城市经济高质量发展的影响过程中存在中介效应。由此可见，数字经济确实有助于提升城市经济高质量发展水平，但它是依靠人力资本来实现这种提升效应的。所以，以上结果验证了本书的研究假设2。

表5-3 基于人力资本中介效应的基准模型检验结果

变量	模型(1)	模型(2)	模型(3)	模型(4)
DIE	0.0421***	0.0415***	0.0133***	0.0013***
	(0.0134)	(0.0153)	(0.0015)	(0.0005)
HUC		0.0173		0.0122***
		(0.0169)		(0.0040)
FSD	−0.0673***	−0.0473***	−0.0140	−0.0021
	(0.0109)	(0.0109)	(0.0240)	(0.0017)
URB	−0.0149	−0.0163	−0.0103	−0.0067
	(0.0215)	(0.0217)	(0.0187)	(0.0086)
ECL	0.0066***	0.0673	0.0261	0.0107***
	(0.0019)	(0.0679)	(0.0310)	(0.0036)

续 表

变量	模型(1)	模型(2)	模型(3)	模型(4)
FDL	0.0876*** (0.0121)	0.0872*** (0.0121)	0.0144 (0.0123)	0.0742** (0.0371)
FDI	-0.0913*** (0.0175)	-0.0896*** (0.0165)	-0.0256 (0.0684)	-0.0131 (0.0129)
L.HUC			0.0105* (0.0062)	
L.HQD				0.0417*** (0.0139)
城市固定效应	是	是	是	是
年份固定效应	是	是	是	是
常数项	0.0028*** (0.0002)	0.0027*** (0.0002)	0.0076* (0.0040)	0.0384* (0.0232)
Sobel检验		[0.0467]		[0.0435]
观测值	2556	2556	2547	2547
R^2	0.3375	0.3375		
AR(1)检验			-0.122 [0.001]	-0.107 [0.003]
AR(2)检验			-0.109 [0.187]	-0.151 [0.140]
Hansen检验			[1.000]	[1.000]

注：圆括号内是稳健标准误；方括号内是P值；***、**、*分别表示1%、5%、10%的显著性水平；下表同。

二、稳健性检验

前文用每万人大学生人数作为中介变量即人力资本的代理变量来检验其是否存在中介效应。为此，为了对其估计结果是否具有稳健性进行考察，本书借鉴苏科和周超（2021）的研究思路，选择高等学校在校生人数占地区总人口的比重作为其代理变量进行检验。

从表5-4可以看出，运用系统GMM估计方法分别得到模型（1）和模型

（2）的估计结果。模型（1）的回归结果显示，数字经济对人力资本的影响为正，而且通过了1%的显著性水平。模型（2）的回归结果显示，数字经济对城市经济高质量发展的影响为正，而且通过了10%的显著性水平，同时也通过了Sobel检验。这说明人力资本在数字经济对城市经济高质量发展的影响过程中存在中介效应，即随着人力资本水平的变化，数字经济对城市经济高质量发展可能产生重要影响。

因此，以上检验结果充分说明，本书的实证结论在对中介变量即人力资本的衡量指标进行改变以后仍然是稳健的。

表5-4 基于人力资本中介效应的稳健性检验结果

变量	模型(1)	模型(2)
DIE	0.0334*** (0.0128)	0.0305* (0.0184)
HUC		0.0422*** (0.0161)
FSD	−0.0528* (0.0274)	−0.0395*** (0.0133)
URB	−0.0165 (0.0274)	−0.0147 (0.0372)
ECL	0.0977*** (0.0376)	0.0575*** (0.0124)
FDL	0.0428*** (0.0112)	0.0218* (0.0132)
FDI	−0.0445** (0.0211)	−0.0215* (0.0126)
城市固定效应	是	是
年份固定效应	是	是
常数项	0.0437 (0.0319)	0.0387*** (0.0143)
Sobel检验		[0.0060]
观测值	2556	2556
R^2		

续　表

变量	模型(1)	模型(2)
AR(1)检验	−0.128	−0.133
	[0.002]	[0.004]
AR(2)检验	−0.157	−0.143
	[0.253]	[0.202]
Hansen检验	[1.000]	[1.000]

第四节　技术创新的中介效应

一、基准模型检验

根据前文的研究可知，数字经济通过技术创新推动城市经济高质量发展。所以，在这一节中，本书将以技术创新作为中介变量进行分析。本书认为进一步进行中介效应检验是合适的，这是因为数字经济对城市经济高质量发展具有显著的正向效应。其中，数字经济对城市经济高质量发展影响的技术创新中介效应检验结果见表5-5。为了确保该估计结果是可靠的，本书将利用Sobel检验对中介效应显著性检验进行判断，从而更好地就技术创新在数字经济对城市经济高质量发展的影响过程中起到的中介作用进行验证。

在表5-5中，模型（1）和模型（2）都是运用OLS估计方法得到的检验结果。模型（1）的回归结果显示，数字经济显著推动技术创新。模型（2）的回归结果显示，数字经济显著促进城市经济高质量发展，然而技术创新的估计系数并没有通过显著性检验。而且Sobel检验的P值是0.0209，它小于0.05，也就是说Sobel检验显著，这说明技术创新在数字经济对城市经济高质量发展的影响过程中存在中介效应，即技术创新是它们之间关系的重要影响因素。而其背后的原因是数字经济消化吸收传统行业的新技术，推动传统行业的总体技术创新能力，融入新技术的运用，根据扩散效应鼓励传统行业。与此同时，数字经济有利于交流，促使人们之间的沟通方式和交流模式逐渐发生变化，促使企业对技术创新进行不断加强。此外，数字经济能够加深产业链、价值链、供应链之间的融合融通，而这是通过互联网平台来实现的；促使政府治理效率不断提高，通过技术创新来促进产品与服务质量的提升，全要素生产率水平不断提高，从而为城市经济高质量发展起到一定的推动作用。

本书进一步运用系统GMM方法进行估计，从而使得变量的内生性问题得到解决。模型（3）和模型（4）都是运用系统GMM估计方法得到的检验结果。模型（3）的回归结果显示，数字经济显著推动城市经济高质量发展。模型（4）的回归结果显示，数字经济、技术创新都能够显著促进城市经济高质量发展，而且数字经济对城市经济高质量发展影响的估计系数比前文基准回归估计结果中数字经济对城市经济高质量发展影响的估计系数要小，这说明技术创新在数字经济对城市经济高质量发展的影响过程中存在中介效应。由此可见，数字经济确实有助于提升城市经济高质量发展水平，但它是依靠技术创新来实现这种提升效应的。所以，以上结果验证了本书的研究假设2。

表5-5 基于技术创新中介效应的基准模型检验结果

变量	模型(1)	模型(2)	模型(3)	模型(4)
DIE	0.0163**	0.0243***	0.0314***	0.0408***
	(0.0065)	(0.0038)	(0.0027)	(0.0023)
TIN		0.0109		0.0125***
		(0.0072)		(0.0041)
FSD	−0.0266	−0.0381***	−0.0321	−0.0111
	(0.0281)	(0.0106)	(0.0635)	(0.0108)
URB	−0.0111	−0.0277	−0.0607	−0.0133
	(0.0554)	(0.0206)	(0.0607)	(0.0218)
ECL	0.0288*	0.0975*	0.0191*	0.0517***
	(0.0175)	(0.0551)	(0.0105)	(0.0172)
FDL	0.0136	0.0102	0.0677***	0.0109*
	(0.0311)	(0.0116)	(0.0216)	(0.0058)
FDI	−0.0309	−0.0186	−0.0175	−0.0107
	(0.0426)	(0.0159)	(0.0114)	(0.0168)

续 表

变量	模型(1)	模型(2)	模型(3)	模型(4)
L.TIN			0.0770***	
			(0.0273)	
L.HQD				0.0617***
				(0.0156)
城市固定效应	是	是	是	是
年份固定效应	是	是	是	是
常数项	0.0970	0.0269	0.0356	0.0256
	(0.0687)	(0.0256)	(0.0886)	(0.0270)
Sobel检验		[0.0209]		[0.0211]
观测值	2556	2556	2547	2547
R^2	0.4291	0.3839		
AR(1)检验			-0.138	-0.151
			[0.004]	[0.005]
AR(2)检验			-0.122	-0.134
			[0.106]	[0.918]
Hansen检验			[1.000]	[1.000]

二、稳健性检验

前文用人均专利申请数作为中介变量即技术创新的代理变量来检验其是否存在中介效应。鉴于此，为了考察技术创新的中介效应检验结果的稳健性，本书借鉴陈阳等（2019）的研究思路，采用城市创新指数作为技术创新的代理变量进行重新验证。

从表5-6可以看出，运用系统GMM估计方法而得到的估计结果。模型（1）的回归结果显示，数字经济能够显著促进技术创新能力的提升。模型（2）的回归结果显示，数字经济能够显著促进城市经济高质量发展，而且也通过了Sobel检验。这说明技术创新在数字经济对城市经济高质量发展的影响过程中存在中介效应，即随着技术创新能力的改变，数字经济对城市经济高质量发展可能产生重要的影响。

所以，以上检验结果充分说明，本书的实证结论在对中介变量即技术创新的衡量指标进行改变以后仍然是稳健的。

表 5-6 基于技术创新中介效应的稳健性检验结果

变量	模型(1)	模型(2)
DIE	0.0319*** (0.0122)	0.0232* (0.0141)
TIN		0.0575*** (0.0205)
FSD	-0.0154 (0.0110)	-0.0108 (0.0122)
URB	-0.0580 (0.0414)	-0.0263 (0.0202)
ECL	0.0244* (0.0128)	0.0206* (0.0114)
FDL	0.0171 (0.0142)	0.0115 (0.0196)
FDI	-0.0112 (0.0140)	-0.0132 (0.0147)
城市固定效应	是	是
年份固定效应	是	是
常数项	0.0198 (0.0283)	0.0218 (0.0145)
Sobel检验		[0.0058]
观测值	2556	2556
R^2		
AR(1)检验	-0.144 [0.002]	-0.126 [0.028]
AR(2)检验	-0.118 [0.248]	-0.173 [0.212]
Hansen检验	[1.000]	[1.000]

第五节　产业结构升级的中介效应

一、基准模型检验

根据前文的研究可知，数字经济通过产业结构升级推动城市经济高质量发展。所以，这一节将以产业结构升级作为中介变量进行分析。本书认为进一步进行中介效应检验是合适的，这是因为数字经济显著促进城市经济高质量发展。其中，数字经济对城市经济高质量发展影响的产业结构升级中介效应检验结果见表5-7。为了确保该估计结果是可靠的，本书利用Sobel检验对中介效应显著性检验进行判断，从而更好地就产业结构升级在数字经济对城市经济高质量发展的影响过程中起到的中介作用进行验证。

在表5-7中，模型（1）和模型（2）都是运用OLS估计方法得到的检验结果。模型（1）的回归结果显示，数字经济对产业结构升级具有显著的正向促进作用。模型（2）的回归结果显示，数字经济显著推动城市经济高质量发展，可是产业结构升级的估计系数并没有通过显著性检验，而且Sobel检验的P值是0.0040，它小于0.05，也就是说Sobel检验显著，这说明产业结构升级在数字经济对城市经济高质量发展的影响过程中存在中介效应，即产业结构升级是影响数字经济与城市经济高质量发展之间关系的主要因素。而这可能的原因是数字经济具有双重属性，即生产要素和战略资源，具体表现为前者在数字经济中具有关键性作用，后者在数字经济中具有基础性作用，其中的数据在数字经济中处于核心生产要素的地位。数字经济能够实现高效利用，而这种效果是凭借挖掘、处理、分析数据来实现的。加之，这对新产业、新模式、新业态的创新将会产生极大的促进作用，让产业结构升级更快。同时，数字经济扩散性和渗透性都很强，加深了它与传统产业的融合，促使传统产业的数字化水平不断提高，从而促进城市经济高质量发展。

本书进一步运用系统GMM方法进行估计，从而使得变量的内生性问题得到解决。模型（3）和模型（4）都是运用系统GMM估计方法得到的检验结果。模型（3）的回归结果显示，数字经济显著推动城市经济高质量发展。模型（4）的回归结果显示，数字经济、产业结构升级都能够显著促进城市经济高质量发展，而且数字经济对城市经济高质量发展影响的估计系数比前文基准回归估计结果中的估计系数要小，这说明产业结构升级在数字经济对城市经济高质量发展的影响过程中存在中介效应。由此可见，数字经济确实有助于提升城市经济高质量发展水平，但它是依靠产业结构升级来实现这种提升效应的。所以，以上结果验证了本书的研究假设2。

表5-7　基于产业结构升级中介效应的基准模型检验结果

变量	模型(1)	模型(2)	模型(3)	模型(4)
DIE	0.0216*** (0.0083)	0.0381*** (0.0147)	0.0340*** (0.0126)	0.0365*** (0.0121)
ISU		0.0185 (0.0383)		0.0452*** (0.0150)
FSD	−0.0480 (0.0561)	−0.0162 (0.0110)	−0.0150 (0.0187)	−0.0490 (0.0453)
URB	−0.0914*** (0.0110)	−0.0318 (0.0217)	−0.0172 (0.0319)	−0.0542** (0.0241)
ECL	0.0370** (0.0150)	0.0974* (0.0572)	0.0215* (0.0126)	0.0363** (0.0145)
FDL	0.0615*** (0.0122)	0.0663*** (0.0128)	0.0227* (0.0132)	0.0375** (0.0169)
FDI	−0.0253 (0.0852)	−0.0941*** (0.0165)	−0.0914*** (0.0164)	−0.0317** (0.0146)
L.ISU			0.0142*** (0.0047)	
L.HQD				0.0489*** (0.0151)
城市固定效应	是	是	是	是
年份固定效应	是	是	是	是
常数项	0.0566*** (0.0137)	0.0242 (0.0277)	0.0354 (0.0684)	0.0297** (0.0138)
Sobel检验		[0.0040]		[0.0030]
观测值	2556	2556	2547	2547

续　表

变量	模型(1)	模型(2)	模型(3)	模型(4)
R^2	0.3105	0.3384		
AR(1)检验			−0.154	−0.122
			[0.004]	[0.002]
AR(2)检验			−0.135	−0.173
			[0.898]	[0.859]
Hansen 检验			[1.000]	[1.000]

二、稳健性检验

前文用第三产业的产值与第二产业的产值之比作为中介变量即产业结构升级的代理变量来检验其是否存在中介效应。鉴于此，为了考察产业结构升级的中介效应检验结果的稳健性，本书参照徐敏和姜勇（2015）的做法，选择产业结构升级指数作为产业结构升级的代理变量重新验证。

从表 5-8 可以看出，运用系统 GMM 估计方法得到的估计结果。模型（1）的回归结果显示，数字经济显著促进产业结构升级。模型（2）的回归结果显示，数字经济能够显著促进城市经济高质量发展，而且也通过了 Sobel 检验，这说明产业结构升级在数字经济对城市经济高质量发展的影响过程中存在中介效应，即随着产业结构升级水平的改变，数字经济可能影响城市经济高质量发展。

所以，以上检验结果充分说明，本书的实证结论在对中介变量即产业结构升级的衡量指标进行改变以后仍然是稳健的。

表 5-8　基于产业结构升级中介效应的稳健性检验结果

变量	模型(1)	模型(2)
DIE	0.0694**	0.0407***
	(0.0347)	(0.0156)
ISU		0.0532*
		(0.0312)
FSD	−0.0154	−0.0195
	(0.0252)	(0.0130)

续 表

变量	模型(1)	模型(2)
URB	−0.0573 (0.0839)	−0.0185 (0.0217)
ECL	0.0883*** (0.0102)	0.0602* (0.0334)
FDL	0.0294* (0.0173)	0.0213* (0.0125)
FDI	−0.0796 (0.0844)	−0.0732 (0.0868)
城市固定效应	是	是
年份固定效应	是	是
常数项	0.0436* (0.0256)	0.0276 (0.0265)
Sobel检验		[0.0080]
观测值	2556	2556
R^2		
AR(1)检验	−0.104 [0.006]	−0.127 [0.019]
AR(2)检验	−0.141 [0.276]	−0.116 [0.130]
Hansen检验	[1.000]	[1.000]

第六节　扩展性讨论

一、基于人力资本中介效应的异质性检验

本书将研究样本划分为东部城市与中西部城市、中心城市与外围城市。通过这样的划分能够进一步就人力资本在数字经济对不同区域、不同层级城市经济高质量发展的影响过程中起到的中介作用进行考察。同时，为了确保该估计结果是可靠的，本书将利用Sobel检验对中介效应显著性检验进行判断，从而更好地就人力资本在数字经济对不同区域、不同层级城市经

济高质量发展的影响过程中起到的中介作用进行验证。

从表5-9和表5-10可以看出，模型（1）是运用OLS估计方法得到的检验结果，而模型（2）和模型（3）是运用系统GMM估计方法得到的检验结果。模型（1）的回归结果显示，数字经济能够显著推动人力资本。模型（2）的回归结果显示，数字经济、人力资本都能够显著促进东部城市、中心城市经济高质量发展，而且数字经济对东部城市、中心城市经济高质量发展影响的估计系数比前文在区域层面的异质性的估计系数要小，同时也通过了Sobel检验，这说明人力资本在数字经济对东部城市、中心城市经济高质量发展的影响过程中存在中介效应。模型（3）的回归结果显示，人力资本能够显著促进中西部城市、外围城市经济高质量发展，而且数字经济对中西部城市、外围城市经济高质量发展影响的估计系数比前文在区域层面的异质性的估计系数要小，同时也通过了Sobel检验，这说明人力资本在数字经济对中西部城市、外围城市经济高质量发展的影响过程中存在中介效应。

所以，以上检验结果充分说明，人力资本在数字经济对东部城市与中西部城市、中心城市与外围城市经济高质量发展的影响过程中都存在中介效应。这可能的原因在于人力资本水平的提高是数字经济驱动不同区域城市经济高质量发展的基础条件，数字经济一方面通过“替代效应”影响行业低技能劳动力，另一方面通过“提升效应”影响行业原有岗位劳动力的技能要求。

表5-9　基于不同区域人力资本中介效应的异质性检验结果

变量	人力资本	东部城市	中西部城市
	模型(1)	模型(2)	模型(3)
DIE	0.0421***	0.0239**	0.0120**
	(0.0134)	(0.0120)	(0.0060)
HUC		0.0826***	0.0366*
		(0.0282)	(0.0210)
FSD	−0.0673***	−0.0202	−0.0182
	(0.0109)	(0.0365)	(0.0464)

续 表

变量	人力资本	东部城市	中西部城市
	模型(1)	模型(2)	模型(3)
URB	-0.0149 (0.0215)	-0.0179 (0.0473)	-0.0107 (0.0275)
ECL	0.0366*** (0.0140)	0.0839** (0.0356)	0.0462* (0.0256)
FDL	0.0876*** (0.0121)	0.0129 (0.0172)	0.0106 (0.0123)
FDI	-0.0913*** (0.0175)	-0.0569 (0.0471)	-0.0139 (0.0185)
L.HUC			
L.HQD_EAST		0.0380*** (0.0120)	
L.HQD_MIDDLEWEST			0.0417*** (0.0160)
城市固定效应	是	是	是
年份固定效应	是	是	是
常数项	0.0208*** (0.0077)	0.0317 (0.0379)	0.0303 (0.0335)
Sobel检验		[0.0079]	[0.0084]
观测值	2556	1080	1476
R^2	0.3375		
AR(1)检验		-0.140 [0.002]	-0.148 [0.004]
AR(2)检验		-0.121 [0.197]	-0.115 [0.705]
Hansen检验		[1.000]	[1.000]

表5-10　基于不同层级人力资本中介效应的异质性检验结果

变量	人力资本	中心城市	外围城市
	模型(1)	模型(2)	模型(3)
DIE	0.0421*** (0.0134)	0.0149* (0.0087)	0.0102* (0.0061)

续　表

变量	人力资本	中心城市	外围城市
	模型(1)	模型(2)	模型(3)
HUC		0.0287**	0.0116*
		(0.0144)	(0.0068)
FSD	-0.0673***	-0.0198	-0.0477
	(0.0109)	(0.0132)	(0.0366)
URB	-0.0149	-0.0158*	-0.0136
	(0.0215)	(0.0087)	(0.0113)
ECL	0.0366***	0.0454***	0.0279**
	(0.0140)	(0.0151)	(0.0140)
FDL	0.0876***	0.0101*	0.0129
	(0.0121)	(0.0059)	(0.0086)
FDI	-0.0913***	-0.0162	-0.0197*
	(0.0175)	(0.0125)	(0.0115)
L.HUC			
L.HQD_CENTRE		0.0122***	
		(0.0047)	
L.HQD_OUTSIDE			0.0265***
			(0.0066)
城市固定效应	是	是	是
年份固定效应	是	是	是
常数项	0.0208***	0.0429	0.0651
	(0.0077)	(0.0357)	(0.0592)
Sobel检验		[0.0045]	[0.0018]
观测值	2556	280	2276
R^2	0.3375		
AR(1)检验		-0.168	-0.141
		[0.001]	[0.007]
AR(2)检验		-0.121	-0.159
		[0.137]	[0.126]
Hansen检验		[1.000]	[1.000]

二、基于技术创新中介效应的异质性检验

本书将研究样本划分为东部城市与中西部城市、中心城市与外围城市。通过这样的划分能够进一步就技术创新在数字经济对不同区域、不同层级城市经济高质量发展的影响过程中起到的中介作用进行考察。同时，为了确保该估计结果是可靠的，本书将利用Sobel检验对中介效应显著性检验进行判断，从而更好地就技术创新在数字经济对不同区域、不同层级城市经济高质量发展的影响过程中起到的中介作用进行验证。

从表5-11和表5-12可以看出，模型（1）是运用OLS估计方法得到的检验结果，而模型（2）和模型（3）是运用系统GMM估计方法得到的检验结果。模型（1）的回归结果显示，数字经济能够显著促进技术创新。模型（2）的回归结果显示，数字经济、技术创新都能够显著促进东部城市、中心城市经济高质量发展，而且数字经济对东部城市、中心城市经济高质量发展影响的估计系数比前文在区域层面的异质性的估计系数要小，同时也通过了Sobel检验，这说明技术创新在数字经济对东部城市、中心城市经济高质量发展的影响过程中存在中介效应。模型（3）的回归结果显示，技术创新能够显著促进中西部城市、外围城市经济高质量发展，而且数字经济对中西部城市、外围城市经济高质量发展影响的估计系数比前文在区域层面的异质性的估计系数要小，同时也通过了Sobel检验，这说明技术创新在数字经济对中西部城市、外围城市经济高质量发展的影响过程中存在中介效应。

所以，以上检验结果充分说明，技术创新在数字经济对东部城市与中西部城市、中心城市与外围城市经济高质量发展的影响过程中都存在中介效应。这可能的原因在于数字经济下的技术创新能够对文化创新、产业创新、制度创新等形成协同创新体系，从而为不同区域城市经济高质量发展赋能。

表 5-11 基于不同区域技术创新中介效应的异质性检验结果

变量	技术创新	东部城市	中西部城市
	模型(1)	模型(2)	模型(3)
DIE	0.0163**	0.0237***	0.0130***
	(0.0065)	(0.0085)	(0.0043)
TIN		0.0826**	0.0374**
		(0.0413)	(0.0187)
FSD	-0.0266	-0.0514***	-0.0729***
	(0.0281)	(0.0138)	(0.0169)
URB	-0.0111	-0.0460	-0.0138
	(0.0554)	(0.0330)	(0.0270)
ECL	0.0288*	0.0536***	0.0498**
	(0.0175)	(0.0115)	(0.0203)
FDL	0.0136	0.0111	0.0164
	(0.0311)	(0.0139)	(0.0126)
FDI	-0.0309	-0.0185	-0.0176
	(0.0426)	(0.0764)	(0.0125)
L.TIN			
L.HQD_EAST		0.0103***	
		(0.0034)	
L.HQD_MIDDLEWEST			0.0322***
			(0.0024)
城市固定效应	是	是	是
年份固定效应	是	是	是
常数项	0.0970	0.0539	0.0312
	(0.0687)	(0.0439)	(0.0331)
Sobel检验		[0.0221]	[0.0133]
观测值	2556	1080	1476
R^2	0.4291		
AR(1)检验		-0.149	-0.176
		[0.004]	[0.002]
AR(2)检验		-0.121	-0.152
		[0.789]	[0.664]
Hansen检验		[1.000]	[1.000]

表 5-12 基于不同层级技术创新中介效应的异质性检验结果

变量	技术创新	中心城市	外围城市
	模型(1)	模型(2)	模型(3)
DIE	0.0163** (0.0065)	0.0153*** (0.0056)	0.0102*** (0.0036)
TIN		0.0275** (0.0138)	0.0441** (0.0220)
FSD	-0.0266 (0.0281)	-0.0169** (0.0084)	-0.0108** (0.0054)
URB	-0.0111 (0.0554)	-0.0110 (0.0078)	-0.0232 (0.0145)
ECL	0.0288* (0.0175)	0.0109*** (0.0036)	0.0406** (0.0193)
FDL	0.0136 (0.0311)	0.0112 (0.0074)	0.0126 (0.0084)
FDI	-0.0309 (0.0426)	-0.0389 (0.0324)	-0.0173 (0.0122)
L.TIN			
L.HQD_CENTRE		0.0366*** (0.0122)	
L.HQD_OUTSIDE			0.0591*** (0.0217)
城市固定效应	是	是	是
年份固定效应	是	是	是
常数项	0.0970 (0.0687)	0.0415 (0.0377)	0.0665 (0.0475)
Sobel 检验		[0.0275]	[0.0142]
观测值	2556	280	2276
R^2	0.4291		
AR(1)检验		-0.122 [0.003]	-0.108 [0.006]
AR(2)检验		-0.181 [0.434]	-0.176 [0.519]
Hansen 检验		[1.000]	[1.000]

三、基于产业结构升级中介效应的异质性检验

本书将研究样本划分为东部城市与中西部城市、中心城市与外围城市。通过这样的划分能够进一步就产业结构升级在数字经济对不同区域、不同层级城市经济高质量发展的影响过程中起到的中介作用进行考察。同时，为了确保该估计结果是可靠的，本书将利用Sobel检验对中介效应显著性检验进行判断，从而更好地就产业结构升级在数字经济对不同区域、不同层级城市经济高质量发展的影响过程中起到的中介作用进行验证。

从表5-13和表5-14可以看出，模型（1）是运用OLS估计方法得到的检验结果，而模型（2）和模型（3）是运用系统GMM估计方法得到的检验结果。模型（1）的回归结果显示，数字经济显著推动产业结构升级。模型（2）的回归结果显示，数字经济、产业结构升级都能够促进东部城市、中心城市经济高质量发展，同时通过Sobel检验的P值是0.2170和0.3106，这说明产业结构升级在数字经济对东部城市、中心城市经济高质量发展的影响过程中都不存在中介效应。模型（3）的回归结果显示，数字经济、产业结构升级均推动中西部城市、外围城市经济高质量发展，同时也并没有通过Sobel检验，这说明产业结构升级在数字经济对中西部城市、外围城市经济高质量发展的影响过程中都不存在中介效应。而这可能的原因是即使我国现在处于向产业数字化转型的重要阶段，但是我国数字经济在各个领域中的应用还不够广泛；同时，产业结构升级的结构红利可能受“鲍莫尔成本病”[①]的影响而被部分掩盖。

所以，以上检验结果说明，数字经济对东部城市与中西部城市、中心城市与外围城市经济高质量发展都具有显著的正向促进作用，但它并不是依靠产业结构升级来实现这种提升效应的，而可能是数字经济依靠其他中介机制所带来的。也就是说，产业结构升级在数字经济对不同区域、不同层级城市经济高质量发展的影响过程中都不存在中介效应。这可能的原因在于从理论上看市场反馈机制可以在产业结构升级中得以形成，从而对城市经济高质量发展带来一定的推动作用；然而我国长期处于粗放型的经济

① 鲍莫尔成本病是1967年美国经济学家鲍莫尔提出的一种现象，它也为一种部门的生产力落后于另一种部门提供了理由。

发展阶段，这就需要产业结构进一步进行调整和优化，从而实现产业结构升级在数字经济驱动不同区域城市经济高质量发展的重要作用。

表 5-13 基于不同区域产业结构升级中介效应的异质性检验结果

变量	产业结构升级	东部城市	中西部城市
	模型(1)	模型(2)	模型(3)
DIE	0.0216*** (0.0083)	0.0467*** (0.0179)	0.0201*** (0.0077)
ISU		0.0311** (0.0155)	0.0379** (0.0189)
FSD	-0.0480 (0.0561)	-0.0114 (0.0149)	-0.0151 (0.0109)
URB	-0.0914*** (0.0110)	-0.0101 (0.0349)	-0.0255 (0.0170)
ECL	0.0370** (0.0150)	0.0572*** (0.0121)	0.0266* (0.0159)
FDL	0.0615*** (0.0122)	0.0739*** (0.0158)	0.0382* (0.0224)
FDI	-0.0253 (0.0852)	-0.0122 (0.0304)	-0.0162 (0.0857)
L.ISU			
L.HQD_EAST		0.0460*** (0.0194)	
L.HQD_MIDDLEWEST			0.0552*** (0.0198)
城市固定效应	是	是	是
年份固定效应	是	是	是
常数项	0.0566*** (0.0137)	0.0277 (0.0470)	0.0129 (0.0613)
Sobel检验		[0.2170]	[0.2450]
观测值	2556	1080	1476
R^2	0.3105		

续　表

变量	产业结构升级	东部城市	中西部城市
	模型(1)	模型(2)	模型(3)
AR(1)检验		-0.159 [0.003]	-0.108 [0.012]
AR(2)检验		-0.172 [0.356]	-0.124 [0.663]
Hansen 检验		[1.000]	[1.000]

表 5-14　基于不同层级产业结构升级中介效应的异质性检验结果

变量	产业结构升级	中心城市	外围城市
	模型(1)	模型(2)	模型(3)
DIE	0.0216*** (0.0083)	0.0125*** (0.0046)	0.0102*** (0.0039)
ISU		0.0226** (0.0113)	0.0248** (0.0124)
FSD	-0.0480 (0.0561)	-0.0222 (0.0148)	-0.0478 (0.0316)
URB	-0.0914*** (0.0110)	-0.0212* (0.0117)	-0.0157 (0.0112)
ECL	0.0370** (0.0150)	0.0101*** (0.0038)	0.0247* (0.0137)
FDL	0.0615*** (0.0122)	0.0196** (0.0098)	0.0130* (0.0076)
FDI	-0.0253 (0.0852)	-0.0114 (0.0095)	-0.0184 (0.0142)
L.ISU			
L.HQD_CENTRE		0.0459*** (0.0170)	
L.HQD_OUTSIDE			0.0671*** (0.0223)
城市固定效应	是	是	是
年份固定效应	是	是	是

续 表

变量	产业结构升级	中心城市	外围城市
	模型(1)	模型(2)	模型(3)
常数项	0.0566***	0.0448	0.0626
	(0.0137)	(0.0296)	(0.0447)
Sobel检验		[0.3106]	[0.4209]
观测值	2556	280	2276
R^2	0.3105		
AR(1)检验		-0.157	-0.132
		[0.002]	[0.009]
AR(2)检验		-0.136	-0.178
		[0.401]	[0.260]
Hansen检验		[1.000]	[1.000]

本章小结

基于本书第四章的研究结论可知，数字经济能够显著促进城市经济高质量发展。同时，根据前文的理论分析可知，数字经济能够通过三个方面对城市经济高质量发展产生中介效应。所以，在这一章中，本书在借鉴现有研究成果的基础上，通过构建计量模型分别从人力资本、技术创新、产业结构升级三个方面就数字经济对城市经济高质量发展影响的中介效应进行实证检验，并且也分别考察了中介效应的稳健性及其在区域层面的异质性，以期为有效实现数字经济的增长效能与城市经济高质量发展的双赢提供经验证据。为此，本章得出以下几个主要结论：

第一，从基于人力资本的中介效应检验结果可以看出：（1）数字经济能够显著促进人力资本，而且人力资本在数字经济对城市经济高质量发展的影响过程中存在中介效应，即人力资本是影响数字经济与城市经济高质量发展之间关系的关键因素。也就是说，数字经济确实有助于提升城市经济高质量发展水平，但它是依靠人力资本来实现这种提升效应的。（2）为了考察人力资本的中介效应检验结果的稳健性，本书将高等学校在校生人数占地区总人口的比重作为人力资本的代理变量进行重新验证，结果发现它仍然是稳健的。（3）为了进一步考察人力资本在数字经济对不同区域城市经济高质量发展的影响过程中起到的中介作用，结果发现人力资本在数字经济对东部城市与中西部城市、中心城市与外围城市经济高质量发展的影响过程中都存在中介效应。

第二，从基于技术创新的中介效应检验结果可以看出：（1）数字经济对技术创新具有显著的正向促进作用，而且技术创新在数字经济对城市经济高质量发展的影响过程中存在中介效应，即技术创新是影响数字经济与城市经济高质量发展之间关系的重要因素。也就是说，数字经济确实有助于提升城市经济高质量发展水平，但它是依靠技术创新来实现这种提升效应的。（2）为了考察技术创新的中介效应检验结果的稳健性，本书将城市创新指数作为技术创新的代理变量进行重新验证，结果发现它仍然是稳健的。（3）为了进一步考察技术创新在数字经济对不同区域城市经济高质量发展的影响过程中起到的中介作用，结果发现技术创新在数字经济对东部城市与中西部城市、中心城市与外围城市经济高质量发展的影响过程中都存在中介效应。

第三，从基于产业结构升级的中介效应检验结果可以看出：（1）数字经济对产业结构升级具有显著的正向促进作用，而且产业结构升级在数字经济对城市经济高质量发展的影响过程中存在中介效应，即产业结构升级是影响数字经济与城市经济高质量发展之间关系的主要因素。也就是说，数字经济确实有助于提升城市经济高质量发展水平，但它是依靠产业结构升级来实现这种提升效应的。（2）为了考察产业结构升级的中介效应检验结果的稳健性，本书将三次产业的产值比重的加权平均计算的产业结构升级指数作为产业结构升级的代理变量进行重新验证，结果发它仍然是稳健的。（3）为了进一步考察产业结构升级在数字经济对不同区域城市经济高质量发展的影响过程中起到的中介作用，结果发现数字经济能够显著促进东部城市与中西部城市、中心城市与外围城市经济高质量发展，但它并不是依靠产业结构升级来实现这种提升效应的，而可能是数字经济通过依靠其他中介机制来实现的。也就是说，产业结构升级在数字经济对东部城市与中西部城市、中心城市与外围城市经济高质量发展的影响过程中都不存在中介效应。

第六章　研究结论与政策建议

在这一章中，本书对重要的研究结论进行梳理和总结，并据此提出相关的政策建议。

第一节　研究结论

本书以2011—2019年中国284个地级及以上城市为研究对象，实证检验数字经济对城市经济高质量发展影响的总体效应和中介效应。根据以上研究，主要得出以下研究结论：

第一，从基于数字经济与城市经济高质量发展的测度与特征事实结果可以看出：（1）2011—2019年，我国城市数字经济指数呈现出不断上升的趋势，而且我国东部城市与中西部城市数字经济指数呈现出不同的趋势。同时，东部城市数字经济指数和各分维度指数都始终高于中西部城市数字经济指数。（2）2011—2019年，我国城市经济高质量发展指数呈现出的趋势是下降—上升—下降—上升，而且我国城市经济高质量发展分维度指数都呈现出不同的趋势。同时，我国东部城市与中西部城市经济高质量发展指数都呈现出不同的趋势，而且东部城市经济高质量发展指数始终高于中西部城市经济高质量发展指数。此外，我国东部城市经济高质量发展分维度指数在考察期内始终比中西部城市的要高。（3）城市经济高质量发展随着数字经济发展的变化而变化。

第二，从基于总体效应实证检验结果可知：（1）数字经济、生态环境水平、金融发展水平都能够显著促进城市经济高质量发展，外商直接投资、城市化水平、财政分权都阻碍城市经济高质量发展。同时，在进行各种稳健性检验后，其结果是稳健的。（2）不管是东部城市与中西部城市还是中心城市与外围城市，数字经济显著推动城市经济高质量发展，尤其是数字经济的估计系数在不同区域呈现出明显的异质性。具体来说，运用OLS估计方法得到的检验结果显示，数字经济对东部城市与中西部城市经济高质量发展影响的估计系数分别是0.0344和0.0104，而且它们都显著，这充分说明了数字经济对东部城市经济高质量发展的正向促进作用比数字经济对中西部城市经济高质量发展的正向促进作用要高。而运用系统GMM估计方法得到的检验结果显示，数字经济对东部城市与中西部城市经济高质量发展影响的估计系数分别是0.0245和0.0199，而且它们都显著，这充分说明了数字经济对东部城市经济高质量发展的正向促进作用比数字经济对中西部城市经济高质量发展的正向促进作用要高。通过运用OLS估计方法所得到的检验结果显示，数字经济对中心城市经济高质量发展影响的估计系数是0.0579，数字经济对外围城市经济高质量发展影响的估计系数是0.0431，而且它们都显著，这充分说明了数字经济对中心城市经济高质量发展的正向促进作用比数字经济对外围城市经济高质量发展的正向促进作用要高。而运用系统GMM估计方法所得到的检验结果显示，数字经济对中心城市经济高质量发展影响的估计系数是0.0518，数字经济对外围城市经济高质量发展影响的估计系数是0.0105，而且它们都显著，这充分说明了数字经济对中心城市经济高质量发展的正向促进作用比数字经济对外围城市经济高质量发展的正向促进作用要高。而出现这一结果可能的原因是东部城市数字经济基础、产业集聚程度较为发达，比较容易聚集人才、资本、技术等大量先进生产要素，满足了数字经济发展对高端投入要素的需求，为经济发展的技术创新创造了条件。加上数字经济对三次产业的逆向渗透特点，其在东部城市更容易释放数字经济红利，促使实现东部城市经济高质量发展，而中西部城市有可能在数字技术应用上存在一定差距，导致数字经济和实体经济的融合障碍，因此数字经济并未对中西部城市经济高质量发展产生比东部城市更大的影响。（3）数字经济对城市经济高质量发展的影响存在数字经济或市场化的“门槛效应”，而且不管是以数字经济作为门槛变量还是以市场化作为门槛变量时，数字经济对城市经济高质量发展的非线性影响都存在边际效应递增的作用。

第三，从基于以人力资本为中介变量的中介效应实证检验结果可知：

（1）数字经济显著推动人力资本，而且人力资本在数字经济对城市经济高质量发展的影响过程中具有中介效应，即人力资本是影响数字经济与城市经济高质量发展之间关系的关键因素。也就是说，数字经济助推城市经济高质量发展，然而它是通过依靠人力资本来实现这种提升效应的。（2）为了考察人力资本的中介效应检验结果的稳健性，本书将高等学校在校生人数占地区总人口的比重作为人力资本的代理变量进行重新验证，结果是稳健的。（3）为了进一步考察人力资本在数字经济对不同区域城市经济高质量发展的影响过程中起到的中介作用，结果发现人力资本在数字经济对东部城市与中西部城市、中心城市与外围城市经济高质量发展的影响过程中都存在中介效应。

第四，从基于以技术创新为中介变量的中介效应实证检验结果可知：（1）数字经济对技术创新具有显著的正向促进作用，而且技术创新在数字经济对城市经济高质量发展的影响过程中存在中介效应，即技术创新是数字经济与城市经济高质量发展之间关系的重要影响因素。也就是说，数字经济确实有助于提升城市经济高质量发展水平，但它是依靠技术创新来实现这种提升效应的。（2）为了验证技术创新的中介效应检验结果的稳健性，本书将城市创新指数作为技术创新的代理变量进行重新验证，结果是稳健的。（3）为了进一步考察技术创新在数字经济对不同区域城市经济高质量发展的影响过程中起到的中介作用，结果发现技术创新在数字经济对东部城市与中西部城市、中心城市与外围城市经济高质量发展的影响过程中都存在中介效应。

第五，从基于以产业结构升级为中介变量的中介效应实证检验结果可知：（1）数字经济对产业结构升级具有显著的正向促进作用，而且产业结构升级在数字经济对城市经济高质量发展的影响过程中存在中介效应。也就是说，数字经济确实有助于提升城市经济高质量发展水平，但它是依靠产业结构升级来实现这种提升效应的。（2）为了考察产业结构升级的中介效应检验结果的稳健性，本书将三次产业的产值比重的加权平均计算的产业结构升级指数作为产业结构升级的代理变量进行重新验证，结果是稳健的。（3）为了进一步考察产业结构升级在数字经济对不同区域城市经济高质量发展的影响过程中起到的中介作用，结果发现数字经济对不同区域城市经济高质量发展都具有显著的正向促进作用，但它并不是依靠产业结构升级来实现这种提升效应的，而可能是数字经济依靠其他中介机制所带来的。也就是说，产业结构升级在数字经济对东部城市与中西部城市、中心城市与外围城市经济高质量发展的影响过程中都不存在中介效应。

第二节 政策建议

分析数字经济对城市经济高质量发展影响的总体效应，不仅在这个研究问题上有一个更清楚的认识，而且对现实问题给予的解释更加科学合理。同时，就数字经济对城市经济高质量发展影响的中介效应进行层层剖析和可靠实证检验能够为中国相关政策的制定、实施等方面拓展一定的研究空间。为此，本书提出以下政策建议：

第一，从促进城市数字经济发展来看，应完善城市数字经济制度环境建设。在经济发展的重要转型期，我国必须改变经济发展方式。也就是说，原来选择的方式是投资与要素驱动，而现在选择的方式是创新与全要素生产率驱动。与此同时，在新一代信息通信技术日益创新和应用的过程中，这些技术逐渐实现了融合和深化，而且它们具有较强的扩散效应，促使经济社会的各个层面都能应用，比如大数据、云计算、移动互联网、人工智能等，使得不仅新的产业革命正在孕育形成，而且正在孕育形成新的科技革命。在新旧动能转换的社会环境下，数字经济能够发挥活力，从而为城市经济高质量发展提供重要引擎。所以，应完善数字经济制度环境建设，以期发挥数字经济潜力。具体而言：（1）制定数据确权等方面的法律法规。在确权问题中，占据突出地位的问题有三类。具体来说，第一类是数据的权属划分问题。第二类是数据使用与控制的资源配置问题。第三类是数据专享与共享问题。应制定数据流转权、数据使用权、数据所有权等方面的法律法规，构建一个相对健全的法律法规管理体系，而且该体系具有的特点是权属可持续性、兼容、灵便、确立。在数字经济的包容性和容忍度方面，也离不开现有法律法规对其进行合理有效的监管，将那些违背创新规律、对数字经济新业态发展带来束缚的政策条文加以废除。对于出现的数字经济新兴形式，立即贯彻产业管理的规章制度，不断完善与知识产权相关的法律法规，并且在社会信用记录中可以考虑把侵权行为纳入其中，更好地规避不良行为。(2) 公开政府公共数据。政府系统内部存在一些问题，比如数据烟囱、数据孤岛等。在破解这些问题的基础上对数据开放共享与数据互联互通进行推进，这可以为数字经济的发展提供重要的条件。不断改进部门专网、联通异构系统，并同时加强数字经济领域改革，深化全国政务的统一化，设立一种政务大数据体系，让其具有物理分散化、逻辑集中化、安全可信化、资源共享化等特点，使得经济社会数字化与提升全要素生产率都能够通过政府数字化来实现，最大程度地激发出政府的数据红利。落实政务数据公开共享资源的管理条例，构筑政府对外开放数据API，统一管理公共数据资源，改善公共数据资源文件目录体系，做到集中化储存，推动规范化管理，对公共数据开展分级归类，依规井然有序地对外开放。(3) 供给信息技术标准。根据急需先决性、先立共同性、要求导向性等条件，对关键共同性标准进行制定，具体表现在传输跨境电商数据、买卖商品流通、搜集共享、数据信息验证等方面。科学指导制定和营销推广那些关键技术标准和行业关联标准，其中的行业主要包括两种，即资源型数字经济、技术型数字经济。同时，制定数据资料商品流通标准，而这些能够利用国家互联网大数据实现买卖。寻找数字经济方面的技术方案与全球化战略，而且在新兴产业或行业加快推进全球化标准，比如云计算、大数据、物联网。特别是在客户不稳定、标准不确定下推行。此外，充分发挥龙头行业在制定数字经济新领域的全球化标准中的率领作用。加快两化即数字化、网络化的实现，强化智能制造系统的标准化、技术化，并且适当实施产业发展的全球化战略。(4) 供给投资融资和税收政策。对政府部门性投资股票基金的正确引导和利用功效进行充分发挥，创建数字经济发展重点区域、重点项目、重大工程、重要技术、重要运用等层面的投资体制，自主创新股份投资、借款汇兑、预核查后补助等多种多样的投资体制。落实担保无形资产的摊销贷款，比如数据资产、知识产权等，开发金融业的其他贷款业务，特别是担保物是知识产权的贷款业务。鼓励数字经济中的中小型企业发展，增加其在股权投资中心的发售，扩大股权融资。合格的数字经济企业对融资加以扩大，是通过融资专用工具来实现的，而这些工具包括企业债券、非金融企业债券等。实施与数字经济发展相适应的税收征管制度，并且在计算应纳税所得额时数字经济产品的相关研发费用不应被包括在内而应给予排除。(5) 供给安全防控制度。发达国家高度重视数据安全和网络安全，所以将它们纳入国家政策当中。例如欧洲、美国、英国分别在2013年、2015年、2017年发布了《国家网络安全评估指南》《网络安全法》《数字经济法第1号条例》。搭建网络安全动态性认知云服务平台，这个平台能够实现科学研究、资源共享、风险汇报等目标，加快对网络安全新技术应用的研发与设计，具体表现在备份灾祸恢复、加密数据库、电子认证、拟态防御力等，让我国数字经济安全实现更高的等级。

第二，从强化数字经济影响城市经济高质量发展的人力资本作用渠道来看，应夯实城市数字领域人才队伍支撑。教育信息的传播离不开数字经济和相关产业的发展为其提供技术，这样使得教育资源更加丰富化，促使劳动力结构不断升级，让劳动生产率实现攀升，从而为城市经济高质量发展提供重要条件。所以，应强化数字领域人才队伍支撑，以期提升人力资本水平。具体而言：(1) 提升人才普及化。数字经济能够集结和吸引更新、更强的数据行业的人才资源。执行人才协调发展战略，加快调整经济发展方式，紧紧围绕数字产业发展以促进人力资源管理的合理布局，逐步完善人力资源服务管理体系，基本建设人力资源服务产业基地。人才的吸引力要不断强化，推动人才流动性集聚。当地政府提升了对落地式人才的普及化，如住宅普及化、低薪住宅供给等。依据高校的区位优势，例如高校可以加设人才培养方面的课程内容，推进产学研相互结合，推进校企合作办学，创建高校与制造行业公司、科研单位一同塑造自主创新人才的常态化机制。(2) 开设数字经济课程。设立与数字经济发展有关的课程内容，健全高等职业教育管理体系，为在校生给予数字行业的前端专业知识和信息，以及提升大学生人群的数字了解和运用能力。同时，要激励社会各公司提升对内部结构聘请职工的文化教育抗压强度、职工的数字素质，各当地政府要对相对的社会公益组织和社会本人开展数字经济发展层面和服务项目，为社会发展创建经营规模的人力资源。此外，提升数字创业人才的补助，激励社会成员积极支持和参加“大众创业，万众创新”活动，扩大数字经济发展涉及面，促使形成更多的数字行为主体，使得社会通过自主创新而失败的可能性减少，以数字资本的方式保证我国国民的综合性经济发展素养。(3) 创新数字人才培养。创新数字人才培养主要表现在高校数字人才培养能力的提高与数字经济职业技能培训的开展。不断改变数字人才培养模式，增加实践课程的数量，挖掘学生的创新能力与创新思维，构建人才培养制度，更好地实现校企合作、产教融合。在培养那些高层次复合型人才时，应建立的基础是应用与需求的双导向，而且那些高层次复合型人才具有的优势是会实践、能动手、懂理论。同时，在数字经济职业技能培训时，不仅积极探索现代化手段，而且也加快引入现代化手段，不断完善塑造和应用紧密结合、评价和鼓励相关联的人才培养体制，借助发放培训补贴和职业技能鉴定补贴等方式，倡导现有劳动力对数字经济知识和技能进行强化与提高，而实现这个目的需要开展学历外培训，增强社会力量参与数字化职业技能培训的积极性，打造数字人才。

第三，从强化数字经济影响城市经济高质量发展的技术创新作用渠道来看，应加紧突破城市关键核心技术。我国数字经济发展面对的最大技术命脉是大数据、人工智能、区块链、物联网、操作系统等信息化管理核心技术，而关键核心技术也是促进我国数字经济高质量发展的最大障碍。把握发展主动权，确保网络信息安全和国家的安全性，务必在核心技术突破上有所贡献，从而为城市经济高质量发展提供重要支撑。所以，应实现关键核心技术突破，以期提高技术创新能力。具体而言：(1) 执行国家创新核心发展战略。国际国内的市场竞争在未来将会更为激烈，如果自主创新能力不高，我国城市经济高质量发展将难以为继。创新在经济发展中占据着非常重要的地位，所以置于首位的应是创新。发展速度、效率、可持续取决于发展动力。对中国这样的一个经济大国而言，假如动力问题无法得到有效的处理，要保持经济健康发展和“翻番”是一件艰难的事。把握住创新，就相当于抓住了推动社会经济发展的全局。同时，在与数字经济发展有关的核心技术行业，我国与国外处在同一条起跑线上，国家可以从战略上领跑部署，集中化科技攻关找寻关键。数字经济有关方面的部门领导干部、专家教授、科技工作者、创业者等要塑造远大的志向和抱负，尝试在关键技术产品研发和使用上获得新的重大进展。(2) 加大核心技术开发设计投资。核心技术开发设计依赖于大量的人力、物力和财力。而且核心技术研发是优良品种、新技术应用从自主创新设想到种类、核心技术核查决策的全过程。政府部门进一步把握住新技术革命和产业转型的机遇，核心技术研发要提升项目投资，看准核心技术和核心阶段，推动技术革新，把握核心技术，在国际行业竞争中占有一定的影响力。从长远来看，要掌握高新科技和产业发展规划的新方位，加速对关键前端行业的初期部署，首先培养和发展绿色环保、新能源汽车、新型材料、新能源技术、高端装备、新一代信息科技等战略性新兴产业。同时，在重点行业的核心技术研发中，搞好防御战，吹起突袭号和集合号，建立突击队员、特种兵，加强科研院所和企业之间的强强联手、协作科技攻关，密切配合，创造成就。（3）掌握核心技术突破的重点难题。突破和把握核心技术是建设网络强国的关键内容，也是建设网络强国的必然选择。要下决心，保持毅力，寻找核心，加速数据行业核心技术突破。同时，要把核心技术的命脉把握在自己的手上，尝试突破核心技术，建立可持续发展和稳步发展的全产业链、生态链和价值链，为网络强国的建设奠定扎实的基础。特别是在核心技术的重点难题上要有所突破。在推进紧紧围绕核心技术突破的发展战略堡垒的时，要加强对关键技术领域和重点环节的初期部署。此外，在前沿性技术、颠覆性技术方面重点增强对人力、物力、财力的投资力度，譬如物联网、区块链、人工智能、大数据等，在关键尖端科技领域变成开拓者，在新兴前端行业变成领跑者，为社会经济发展给予强有力的技术支持。

第四，从强化数字经济影响城市经济高质量发展的产业结构升级作用渠道来看，应推动城市传统产业数字化转型。我国经济发展面临了一些问题，例如以重化工传统产业为主引导产业发展，技术竞争能力不强，新兴产业、新业态发展的推动力不够。数字经济为推动全球技术革新、产业转型提供了新引擎，而且也为传统产业的转型升级给予新的发展前景，大数据、人工智能等新型信息技术的应用加深了数字经济与实体经济的融合，从而为城市经济高质量发展提供重要导向。所以，应加快传统产业数字化转型，以期促进产业结构升级。具体而言：（1）加快产业数字化与数字产业化发展。在数字经济迅猛发展的背景下，对数字经济将来的发展机遇加以把握，促进新业态和新模式的出现，而且它们的关键在于数字技术。数字产业化以促进数字产业的发展和建立为目的，是能够社会化应用现代信息技术的一种形式。技术创新并不是实验室里的研究，反而是要把技术创新成果转化成一种驱动力，以促进经济社会发展。把数字化的知识与信息向生产要素转化，并结合商业模式创新、信息技术创新、管理创新，使得新产业、新模式、新业态不断出现，最后促使数字产业链和产业集群的产生，这些都是数字产业化的目的所在。产业数字化是运用现代信息技术对传统制造业开展更新改造，而且这些更新改造是全方位、全角度、全链条的。产业结构升级在增强我国经济综合实力中起着重要影响。现代信息技术对社会经济发展可能产生与众不同的作用，即表现为放大、倍增、叠加等。产业数字化利用“鼎新”来推动“改革”，以增量带动存量，通过促使实体经济与数字经济之间的相互融合来实现全要素生产率的提升。（2）加强改造传统产业。数字经济的独特性体现在三个方面，即可扩散性、易渗透性、无边际性。充分利用这些特性，让数字资源实现市场化、价值化、资产化，紧密结合数字经济与实体经济，推动各行各业的数字化水平提高。传统产业一般包含除新科技产业之外的许多行业，关键就是指劳动密集型的、以生产制造生产加工为主导的行业。例如，在农业方面，设立合理性的产业布局和管理体制，让能源和成本不断降低，让化肥应用不断减少，让生产效率不断提高，加快农业绿色发展。在制造业方面，推动信息技术与制造技术的结合、数字技术与制造技术的结合、提高我国产业基础能力和产业链现代化水平。主动寻找新型商业模式，在企业运营中提高利用数据的能力，有效将各行业的生产、销售连接起来，对数字运营模式进行应用的同时对其加以创新，而这些数字运营模式主要涉及在线服务、网络运营等，在生产经营的过程中增加数字技术的应用，让数字经济中的数据这一生产要素实现先进生产力的转化，增加传统产业的生产质量，实现中高端产业链的转型。（3）激励数字经济产业发展。提高物联网、大数据、云网端、人工智能等数字技术的广泛运用，增加公司灵活的生产量、投入产出结构不断优化，积极开发新业态、新模式、新情景，并且融入社会发展的多样性、多元化、个性化需求。同时，政府部门应颁布数字技术方面的国家产业政策，对数字经济产业的发展加以正确引导，根据“奖补免减”对策，以促使传统产业的数字化转型不断推进。此外，数字经济的发展需要增加投资需求的种类。不断开发新的投资方式，更好地契合实体经济与数字经济的协调发展，通过数字技术实现投资方式的多样化。同时，探索数字经济产业发展的新路径，确保数字经济产业发展的多元化、多样性。

第五，从驱动城市经济高质量发展来看，应统筹城市不同区域经济协调发展。我国不同区域的发展路径由于某些方面的不同而存在的差异较大，比如资源禀赋、规模、区位特征、政策实施等。尽管不同区域的发展现实情况并不相同，可是各区域主体要实现的目的是相同的，那就是推进各个城市经济高质量发展。数字经济发展战略根据自身情况的不同来落实，从而为城市经济高质量发展提供重要保障。所以，应统筹区域经济协调发展，以期促进城市经济高质量发展。具体而言：（1）实施差异化发展政策。高度重视数字经济与城市经济高质量发展的地区差别，在经济发展水平、资源优势等领域出现差别较大的东部地区和中西部地区城市推行差异化发展政策，归类和健全市场体制机制创新，以充分利用各城市的比较优势为总体目标，制定区域合作发展政策，加强创新区域合作体制，促使中心城市和城市群的辐射带动力不断提高，带动区域协调发展。因而，要防止单一化的发展措施，要根据不同地区的实际情况对各个区域的城市发展有所侧重，尽力以数字经济发展为突破口，以促进各城市不同区域的协调发展。具体来说，我国中西部地区城市数字产业发展较晚，加大对中西部地区城市的数字经济基础设施建设，投资智能制造、工业互联网、5G基站等项目，找准中西部地区城市的薄弱环节以弥补它的不足。我国东部地区城市创新能力较强，它的数字经济基础设施建设相对完善，对各行业的资源加以优化和整合，让创新平台的集聚效应不断扩大，让数字经济空间布局不断优化，激发数字经济活力。（2）坚定各城市数字经济发展步伐。在落实数字经济发展的协调性的同时，也要促进数字经济发展的灵活性。让制度协调和制度创新结合起来，正确处理好它们之间的关系。根据对中西部地区城市数字型企业实行立即补助和间接性税收减免，对数据资产与要素有序地向中西部地区城市流入加以正确引导，促使中西部地区城市数字经济的总体发展水平和层次得到不断提高，从而让数字经济的增长效能实现最大限度的释放。同时，各当地政府应提升最新法律法规管理体系，让不同区域的总体联络不断加强。东部地区城市和中西部地区城市要逐渐扩张信息内容和传输数据方式，不同区域之间的互动交流能力要根据本身区位优势来发挥示范作用，提高不同区域数字经济发展能力，而且不同区域有关主体要对前沿知识进行不断消化、学习、吸收，乃至开展再次创新。要渐渐地发挥地区资源禀赋、地区数据创新能力和运用能力，让不同区域经济发展的质量和效益得到增加。（3）深化区域分工。各个区域的发展情况不同，而它们之间的经济联系离不开区域分工。为此，在要素资源固定的情况下，为了更好地达到分别生产、在生活上的差异要求和经济效益，各地区在经济来往中需要依据比较利益的标准选取和发展支柱产业。区域分工的实际意义是使各区域充分运用资源、要素、区位等优势，开展系统化生产。合理安排资源，推动生产技术创新和产品品质及管理能力，有益于各区域的经济效益和国民经济发展的整体利益不断提高。同时，数字经济或将推动区域一体化的产业实现高能循环，而且借助区域资源的整合，实现一批技术攻关，将更有效的促进区域一体化的融合发展，创新区域融合的发展机制。在未来，随着市场化改革和数字化转型在深度和广度上得到推进，东西部地区城市经济借力数字经济也将更均等地共享区域经济发展机会。此外，城市建设方案落实个性化，南方、沿海以及东部地区城市充分发挥示范带头作用，融合之后追逐地区融合发展，根据制度改革创新、政策创新等方式持续对创新体系的空间布局加以提升，实现数字经济与新动能的稳定发展。

第三节　研究展望

本书的研究为中国制定适宜的数字经济发展政策、实现数字经济的增长效能与城市经济高质量发展的双赢提供参考依据。当前，研究这个方面的问题不仅引起学术界的广泛关注，而且也是学术界迫切需要解决的重要议题，但是现有的研究只是一个起步阶段，在这个方面的相关研究还存在一定的局限性，未来还需要让该方面的研究更加系统化和全面化。当然某些不足之处和并未涉及的内容也是本书研究所存在的问题，即还有一定的研究空间。因此，未来可以从以下几个方面在研究内容和研究方向上展开延伸：

第一，进一步加强数字经济对城市经济高质量发展影响的理论分析。本书在就数字经济对城市经济高质量发展影响的理论分析进行探讨时，详细分析了数字经济对城市经济高质量发展的影响。可是尚未凭借相关的理论模型和数理模型推导就数字经济对城市经济高质量发展的影响进行分析，需要继续深入这方面的研究。

第二，进一步补充数字经济对城市经济高质量发展影响的空间溢出效应分析。本书主要采用的研究方法是建立在面板数据之上的，然而其实邻近城市的发展也可能影响到数字经济对城市经济高质量发展的影响，因此可能需要应用空间计量经济学的方法来实证检验数字经济对城市经济高质量发展影响的空间溢出效应，从而开拓和挖掘数字经济的空间溢出效应方面的研究。

第三，进一步斟酌城市经济高质量发展的指标选取问题。本书构建了一个较为全面的指标体系来测度城市经济高质量发展水平，虽然它已经包括了多个方面，然而由于数据的限制让某些重要指标被忽略，这在一定程度上使得本书研究的时效性很明显地受到了数据可获得性的限制。

第四，进一步拓展数字经济对城市经济高质量发展影响的调节性因素分析。本书只从数字经济的角度探究它们之间的关系。实际上，还有其他影响城市经济高质量发展的重要因素，比如消费、投资结构、技术创新、城市化水平、产业结构、环境规制、收入分配结构等，而它们可能在数字经济对城市经济高质量发展影响的过程中起到调节作用。所以，这方面的研究有待于进一步加强和深化。

参考文献

[1] 白雪洁，宋培，李琳，廖赛男. 数字经济能否推动中国产业结构转型：基于效率型技术进步视角 [J]. 西安交通大学学报（社会科学版），2021（06）：1-15.

[2] 柏培文，喻理. 数字经济发展与企业价格加成：理论机制与经验事实 [J]. 中国工业经济，2021（11）：59-77.

[3] 曹聪灵，肖国安，徐邵蕊，周小渝. 人口老龄化对经济高质量发展的影响：基于财政可持续视角 [J]. 财经理论与实践，2022（01）：114-122.

[4] 曾胜，张明龙. 绿色投资、碳排放强度与经济高质量发展：采用空间计量模型的非线性关系检验 [J]. 西部论坛，2021（05）：69-84.

[5] 曾胜. 中国经济高质量发展 能源消费影响因素与总量控制：基于Copula函数的实证研究 [J]. 学术论坛，2019（02）：11-19.

[6] 钞小静，任保平. 中国经济增长结构与经济增长质量的实证分析 [J]. 当代经济科学，2011（06）：50-56，123-124.

[7] 陈福中. 数字经济、贸易开放与"一带一路"沿线国家经济增长 [J]. 兰州学刊，2020（11）：100-112.

[8] 陈浩，罗力菲. 环境规制对经济高质量发展的影响及空间效应：基于产业结构转型中介视角 [J]. 北京理工大学学报（社会科学版），2021（06）：27-40.

[9] 陈诗一，陈登科. 雾霾污染、政府治理与经济高质量发展 [J]. 经济研究，2018（02）：20-34.

[10] 陈喜强，邓丽. 政府主导区域一体化战略带动了经济高质量发展吗?：基于产业结构优化视角的考察 [J]. 江西财经大学学报，2019（01）：

43-54.

［11］陈小辉，张红伟，吴永超.数字经济如何影响产业结构水平？［J］.证券市场导报，2020（07）：20-29.

［12］陈阳，逯进，于平.技术创新减少环境污染了吗?：来自中国285个城市的经验证据［J］.西安交通大学学报（社会科学版），2019（01）：73-84.

［13］陈友华.全面小康社会建设评价指标体系研究［J］.社会学研究，2004（01）：90-98.

［14］陈云贤.中国特色社会主义市场经济：有为政府+有效市场［J］.经济研究，2019（01）：4-19.

［15］陈章喜，颛孙冠华.粤港澳大湾区科技创新与经济高质量发展耦合协调研究［J］.云南社会科学，2021（04）：92-100.

［16］程虹，李丹丹.一个关于宏观经济增长质量的一般理论：基于微观产品质量的解释［J］.武汉大学学报（哲学社会科学版），2014（03）：79-86.

［17］程文先，钱学锋.数字经济与中国工业绿色全要素生产率增长［J］.经济问题探索，2021（08）：124-140.

［18］崔艳娟，孙刚.金融发展是贫困减缓的原因吗?：来自中国的证据［J］.金融研究，2012（11）：116-127.

［19］党琳，李雪松，申烁.数字经济、创新环境与合作创新绩效［J］.山西财经大学学报，2021（11）：1-15.

［20］邓慧慧，虞义华，李洪坚.中国地区经济增长对碳排放强度的影响：基于空间面板模型的分析［J］.浙江社会科学，2013（08）：40-50，156.

［21］邓荣荣，张翱祥.中国城市数字经济发展对环境污染的影响及机理研究［J］.南方经济，2022（02）：18-37.

［22］丁亮，徐志乾，章俊屾，陈亚辉，斯忭忭.浙江省城市群数字经济产业空间格局与规划探讨［J］.规划师，2021（13）：18-23.

［23］丁任重.关于供给侧结构性改革的政治经济学分析［J］.经济学家，2016（03）：13-15.

［24］丁志帆.数字经济驱动经济高质量发展的机制研究：一个理论分析框架［J］.现代经济探讨，2020（01）：85-92.

［25］杜传忠，张远.数字经济发展对企业生产率增长的影响机制研究［J］.证券市场导报，2021（02）：41-51.

［26］段博.数字经济加剧了地区差距吗：来自中国284个地级市的经验证据［J］.世界地理研究，2020（04）：728-737.

［27］范柏乃，吕丹阳，顾贾能.城市技术创新能力、交易效率与经济发展质量［J］.科学学研究，2021（03）：18.

［28］范庆泉，储成君，高佳宁.环境规制、产业结构升级对经济高质量发展的影响［J］.中国人口·资源与环境，2020（06）：84-94.

［29］范晓莉，李秋芳.数字经济对产业结构转型升级的影响：基于中国省级面板数据的实证分析［J］.现代管理科学，2021（07）：108-120.

［30］方大春，马为彪.中国省际高质量发展的测度及时空特征［J］.区域经济评论，2019（02）：61-70.

［31］方福前，田鸽.数字经济促进了包容性增长吗：基于"宽带中国"的准自然实验［J］.学术界，2021（10）：55-74.

［32］符建华，曹晓晨.人口老龄化对中国经济高质量发展的影响研究［J］.经济问题探索，2021（06）：44-55.

［33］干春晖，郑若谷，余典范.中国产业结构变迁对经济增长和波动的影响［J］.经济研究，2011（05）：4-16，31.

［34］高志刚，丁煜莹，杨柳.环境规制对资源型省份经济高质量发展的影响效应：以新疆为例［J］.生态经济，2022（02）：176-183，203.

［35］葛和平，吴福象.数字经济赋能经济高质量发展：理论机制与经验证据［J］.南京社会科学，2021（01）：24-33.

［36］宫汝娜，张涛.区域高质量发展的内涵与测度研究：九大国家中心城市的实证分析［J］.技术经济与管理研究，2021（01）：105-110.

［37］辜胜阻，吴华君，吴沁沁，余贤文.创新驱动与核心技术突破是高质量发展的基石［J］.中国软科学，2018（10）：9-18.

［38］郭炳南，王宇，张浩.数字经济、绿色技术创新与产业结构升级：来自中国282个城市的经验证据［J］.兰州学刊，2022（02）：58-73.

［39］郭春雨，潘采伟．环境规制对区域经济高质量发展的影响：基于双重差分法的实证研究［J］．生态经济，2021（10）：153-163.

［40］郭峰，王靖一，王芳，等．测度中国数字普惠金融发展：指数编制与空间特征［J］．经济学（季刊），2020（04）：1401-1418.

［41］郭庆旺，吕冰洋．论要素收入分配对居民收入分配的影响［J］．中国社会科学，2012（12）：46-62，207.

［42］郭新茹，陈天宇．文化产业集聚、空间溢出与经济高质量发展［J］．现代经济探讨，2021（02）：79-87.

［43］韩峰，胡玉珠，陈祖华．国家审计推进经济高质量发展的作用研究：基于地级市面板数据的空间计量分析［J］．审计与经济研究，2020（01）：29-40.

［44］韩璐，陈松，梁玲玲．数字经济、创新环境与城市创新能力［J］．科研管理，2021（04）：35-45.

［45］韩文龙．数字经济赋能经济高质量发展的政治经济学分析［J］．中国社会科学院研究生院学报，2021（02）：98-108.

［46］韩雅清，左孝凡，李玉水，等．区域一体化战略对经济高质量发展的影响研究：以京津冀地区为例［J］．资源开发与市场，2021（10）：1216-1222.

［47］韩兆安，赵景峰，吴海珍．中国省际数字经济规模测算、非均衡性与地区差异性［J］．数量经济技术经济研究，2021（08）：164-181.

［48］何冬梅，刘鹏．人口老龄化、制造业转型升级与经济高质量发展：基于中介效应模型［J］．经济与管理研究，2020（01）：3-20.

［49］何帆，刘红霞．数字经济视角下实体企业数字化变革的业绩提升效应评估［J］．改革，2019（04）：137-148.

［50］何文海，张永姣．环境规制、产业结构调整与经济高质量发展：基于长江经济带11省市PVAR模型的分析［J］．统计与信息论坛，2021（04）：21-29.

［51］何枭吟，成天婷．数字经济推动经济高质量发展的战略抉择［J］．商业经济研究，2021（10）：189-192.

［52］何雄浪，史世姣．人口流动对区域经济增长的影响：基于中国地

级市面板数据的实证分析［J］. 金融与经济，2021（03）：63-70.

［53］何宗樾，宋旭光. 数字经济促进就业的机理与启示：疫情发生之后的思考［J］. 经济学家，2020（05）：58-68.

［54］贺大兴，王静. 营商环境与经济高质量发展：指标体系与实证研究［J］. 上海对外经贸大学学报，2020（06）：51-62.

［55］贺晓宇，沈坤荣. 现代化经济体系、全要素生产率与高质量发展［J］. 上海经济研究，2018（06）：25-34.

［56］洪银兴，刘伟，高培勇，等. "习近平新时代中国特色社会主义经济思想"笔谈［J］. 中国社会科学，2018（09）：4-73.

［57］洪银兴. 改革开放以来发展理念和相应的经济发展理论的演进：兼论高质量发展的理论渊源［J］. 经济学动态，2019（08）：10-20.

［58］侯世英，宋良荣. 财政分权、地方政府行为与经济高质量发展［J］. 经济问题探索，2020（03）：33-44.

［59］胡雪萍，许佩. FDI 质量特征对中国经济高质量发展的影响研究［J］. 国际贸易问题，2020（10）：31-50.

［60］华坚，胡金昕. 中国区域科技创新与经济高质量发展耦合关系评价［J］. 科技进步与对策，2019（08）：19-27.

［61］黄海清，魏航. 数字经济如何稳就业：机制与经验分析［J］. 贵州财经大学学报，2022（01）：13-24.

［62］黄亮雄，王震，王贤彬. 地方经济增长目标对外商直接投资的影响与机制研究［J］. 国际经贸探索，2021（02）：51-66.

［63］黄庆华，时培豪，胡江峰. 产业集聚与经济高质量发展：长江经济带 107 个地级市例证［J］. 改革，2020（01）：87-99.

［64］黄群慧，余泳泽，张松林. 互联网发展与制造业生产率提升：内在机制与中国经验［J］. 中国工业经济，2019（08）：5-23.

［65］黄文，张羽瑶. 区域一体化战略影响了中国城市经济高质量发展吗?：基于长江经济带城市群的实证考察［J］. 产业经济研究，2019（06）：14-26.

［66］贾洪文，张伍涛，盘业哲. 科技创新、产业结构升级与经济高质量发展［J］. 上海经济研究，2021（05）：50-60.

［67］姜南，李鹏媛，欧忠辉．知识产权保护、数字经济与区域创业活跃度［J］．中国软科学，2021（10）：171-181.

［68］江小涓．高度联通社会中的资源重组与服务业增长［J］．经济研究，2017（03）：4-17.

［69］焦帅涛，孙秋碧．我国数字经济发展测度及其影响因素研究［J］．调研世界，2021（07）：13-23.

［70］金碚．关于“高质量发展”的经济学研究［J］．中国工业经济，2018（04）：5-18.

［71］荆林波．韧性城市的理论内涵、运行逻辑及其在数字经济背景下的新机遇［J］．贵州社会科学，2021（01）：108-115.

［72］荆文君，孙宝文．数字经济促进经济高质量发展：一个理论分析框架［J］．经济学家，2019（02）：66-73.

［73］李翠妮，葛晶，赵沙俊一．人工智能、老龄化与经济高质量发展［J］．当代经济科学，2022（01）：77-91.

［74］李光龙，范贤贤．财政支出、科技创新与经济高质量发展：基于长江经济带108个城市的实证检验［J］．上海经济研究，2019（10）：46-60.

［75］李广昊，周小亮．推动数字经济发展能否改善中国的环境污染：基于“宽带中国”战略的准自然实验［J］．宏观经济研究，2021（07）：146-160.

［76］李辉．大数据推动我国经济高质量发展的理论机理、实践基础与政策选择［J］．经济学家，2019（03）：52-59.

［77］李梦娜，周云波．数字经济发展的人力资本结构效应研究［J］．经济与管理研究，2022（01）：23-38.

［78］李强，朱宝清．投资水平与经济高质量发展：挤出效应真的存在吗［J］．财经科学，2019（11）：39-53.

［79］李太平，顾宇南．战略性新兴产业集聚、产业结构升级与区域经济高质量发展：基于长江经济带的实证分析［J］．河南师范大学学报（哲学社会科学版），2021（01）：78-87.

［80］李天宇，王晓娟．数字经济赋能中国“双循环”战略：内在逻辑

与实现路径［J］. 经济学家，2021（05）：102-109.

［81］李翔，邓峰. 科技创新、产业结构升级与经济增长［J］. 科研管理，2019（03）：84-93.

［82］李小忠. 数字经济发展与企业价值提升：基于生命周期理论的视角［J］. 经济问题，2021（03）：116-121.

［83］李晓钟，吴甲戌. 数字经济驱动产业结构转型升级的区域差异［J］. 国际经济合作，2020（04）：81-91.

［84］李旭辉. "五位一体"总布局视角下经济社会发展绩效综合评价研究：以中国"十二五"期间实证为例［J］. 科技管理研究，2019（06）：63-71.

［85］李治国，车帅，王杰. 数字经济发展与产业结构转型升级：基于中国 275 个城市的异质性检验［J］. 广东财经大学学报，2021（05）：27-40.

［86］李宗显，杨千帆. 数字经济如何影响中国经济高质量发展？［J］. 现代经济探讨，2021（07）：10-19.

［87］梁琦，肖素萍，李梦欣. 数字经济发展、空间外溢与区域创新质量提升：兼论市场化的门槛效应［J］. 上海经济研究，2021（09）：44-56.

［88］梁琦，肖素萍，李梦欣. 数字经济发展提升了城市生态效率吗？基于产业结构升级视角［J］. 经济问题探索，2021（06）：82-92.

［89］梁亚民. 经济增长质量评价指标体系研究［J］. 西北师大学报（社会科学版），2002（02）：115-118.

［90］廖信林，杨正源. 数字经济赋能长三角地区制造业转型升级的效应测度与实现路径［J］. 华东经济管理，2021（06）：22-30.

［91］林宏伟，邵培基. 区块链对数字经济高质量发展的影响因素研究［J］. 贵州社会科学，2019（12）：112-121.

［92］凌连新，阳国亮. 粤港澳大湾区经济高质量发展的评价与靶向路径研究［J］. 统计与信息论坛，2021（06）：120-128.

［93］刘成坤，林明裕. 人口老龄化、人力资本积累与经济高质量发展［J］. 经济问题探索，2020（07）：168-179.

［94］刘传辉，杨志鹏. 城市群数字经济指数测度及时空差异特征分析：

以六大城市群为例［J］．现代管理科学，2021（04）：92-111.

［95］刘传明，尹秀，王林杉．中国数字经济发展的区域差异及分布动态演进［J］．中国科技论坛，2020（03）：97-109.

［96］刘达禹，徐斌，刘金全．数字经济发展与区域经济增长：增长门槛还是增长瓶颈？［J］．西安交通大学学报（社会科学版），2021（13）：1-14.

［97］刘国斌，宋瑾泽．中国区域经济高质量发展研究［J］．区域经济评论，2019（02）：55-60.

［98］刘建民，薛妍．财政分权与经济高质量发展：基于环境规制的“U型”调节效应［J］．河北大学学报（哲学社会科学版），2021（01）：58-67.

［99］刘军，杨渊鋆，张三峰．中国数字经济测度与驱动因素研究［J］．上海经济研究，2020（06）：81-96.

［100］刘荣增，陈灿．财政分权视角下中国经济增长质量效应检验［J］．财会月刊，2020（20）：111-118.

［101］刘荣增．城市扩张与经济增长质量的规模空间效应研究［J］．求索，2020（03）：157-164.

［102］刘新智，孔芳霞．长江经济带数字经济发展对城市绿色转型的影响研究：基于“三生”空间的视角［J］．当代经济管理，2021（09）：64-74.

［103］刘洋，陈晓东．中国数字经济发展对产业结构升级的影响［J］．经济与管理研究，2021（08）：15-29.

［104］卢万青，纪祥裕．城市房价、金融发展与产业结构升级：基于中国地级市面板数据的实证研究［J］．产经评论，2017（05）：81-94.

［105］卢现祥．论产权制度、要素市场与高质量发展［J］．经济纵横，2020（01）：65-73，2.

［106］鲁玉秀，方行明，张安全．数字经济、空间溢出与城市经济高质量发展［J］．经济经纬，2021（06）：21-31.

［107］陆铭，陈钊．城市化、城市倾向的经济政策与城乡收入差距［J］．经济研究，2004（06）：50-58.

［108］吕守军，代政．新时代高质量发展的理论意蕴及实现路径［J］．

经济纵横，2019（03）：16-22，2.

［109］吕炜，邵娇．转移支付、税制结构与经济高质量发展：基于277个地级市数据的实证分析［J］．经济学家，2020（11）：5-18.

［110］马茹，罗晖，王宏伟，等．中国区域经济高质量发展评价指标体系及测度研究［J］．中国软科学，2019（07）：60-67.

［111］缪陆军，陈静，范天正，等．数字经济发展对碳排放的影响：基于278个地级市的面板数据分析［J］．南方金融，2022（02）：45-57.

［112］马轶群，史安娜．金融发展对中国经济增长质量的影响研究：基于VAR模型的实证分析［J］．国际金融研究，2012（11）：30-39.

［113］马勇，王慧，夏天添．数字经济对中部地区实体经济的挤出效应研究［J］．江西社会科学，2021（10）：48-57.

［114］孟祺．数字经济与高质量就业：理论与实证［J］．社会科学，2021（02）：47-58.

［115］宁朝山．基于质量、效率、动力三维视角的数字经济对经济高质量发展多维影响研究［J］．贵州社会科学，2020（04）：129-135.

［116］潘雅茹，罗良文．基础设施投资对经济高质量发展的影响：作用机制与异质性研究［J］．改革，2020（06）：100-113.

［117］裴长洪，倪江飞，李越．数字经济的政治经济学分析［J］．财贸经济，2018（09）：5-22.

［118］戚聿东，刘翠花，丁述磊．数字经济发展、就业结构优化与就业质量提升［J］．经济学动态，2020（11）：17-35.

［119］齐心，梅松．大城市和谐社会评价指标体系的构建与应用［J］．统计研究，2007（07）：17-21.

［120］乔俊峰，张春雷．转移支付、政府偏好和共享发展：基于中国省级面板数据的分析［J］．云南财经大学学报，2019（01）：15-28.

［121］邱子迅，周亚虹．数字经济发展与地区全要素生产率：基于国家级大数据综合试验区的分析［J］．财经研究，2021（07）：4-17.

［122］任保平．新时代高质量发展的政治经济学理论逻辑及其现实性［J］．人文杂志，2018（02）：26-34.

［123］任保平．数字经济引领高质量发展的逻辑、机制与路径［J］．西

安财经大学学报，2020（02）：5-9.

［124］任保平，李培伟. 数字经济培育我国经济高质量发展新动能的机制与路径［J］. 陕西师范大学学报（哲学社会科学版），2022（01）：121-132.

［125］茹少峰，魏博阳，刘家旗. 以效率变革为核心的我国经济高质量发展的实现路径［J］. 陕西师范大学学报（哲学社会科学版），2018（03）：114-125.

［126］上官绪明，葛斌华. 科技创新、环境规制与经济高质量发展：来自中国278个地级及以上城市的经验证据［J］. 中国人口·资源与环境，2020（06）：95-104.

［127］邵明伟，金钟范，张军伟. 中国城市群全要素生产率测算与分析：基于2000—2014年数据的DEA-Malmquist指数法［J］. 经济问题探索，2018（05）：110-118.

［128］申明浩，谭伟杰，陈钊泳. 数字经济发展对企业创新的影响：基于A股上市公司的经验证据［J］. 南方金融，2022（01）：91-105.

［129］沈冰，李鑫. 金融发展、产业结构高级化与能源效率提升［J］. 经济问题探索，2020（12）：131-138.

［130］师博，何璐. 黄河流域城市高质量发展的动态演进与区域分化［J］. 经济与管理评论，2021（06）：15-25.

［131］师博，任保平. 中国省际经济高质量发展的测度与分析［J］. 经济问题，2018（04）：1-6.

［132］师博，张冰瑶. 全国地级以上城市经济高质量发展测度与分析［J］. 社会科学研究，2019（03）：19-27.

［133］史宇鹏. 数字经济与制造业融合发展：路径与建议［J］. 人民论坛，2021（06）：34-39.

［134］宋洋. 经济发展质量理论视角下的数字经济与高质量发展［J］. 贵州社会科学，2019（11）：102-108.

［135］宋跃刚，郝夏珍. 数字经济对黄河流域经济高质量发展的门槛和空间溢出效应研究［J］. 河南师范大学学报（自然科学版），2022（01）：48-58.

［136］苏剑，陈阳．从美国金融危机看经济的高质量增长［J］．西安交通大学学报（社会科学版），2019（06）：58-63.

［137］苏科，周超．人力资本、科技创新与绿色全要素生产率：基于长江经济带城市数据分析［J］．经济问题，2021（05）：71-79.

［138］孙杰．从数字经济到数字贸易：内涵、特征、规则与影响［J］．国际经贸探索，2020（05）：87-98.

［139］孙学涛．产业结构变迁对城市经济高质量发展的影响研究［J］．中国科技论坛，2021（07）：86-96.

［140］孙艺璇，程钰，刘娜．中国经济高质量发展时空演变及其科技创新驱动机制［J］．资源科学，2021（01）：82-93.

［141］汤旖璆．数字经济赋能城市高质量发展：基于智慧城市建设的准自然实验分析［J］．价格理论与实践，2020（09）：156-159，180.

［142］陶新宇，靳涛，杨伊婧．“东亚模式”的启迪与中国经济增长“结构之谜”的揭示［J］．经济研究，2017（11）：43-58.

［143］田俊峰，王彬燕，王士君，等．中国东北地区数字经济发展空间分异及成因［J］．地域研究与开发，2019（06）：16-21.

［144］田秋生．高质量发展的理论内涵和实践要求［J］．山东大学学报（哲学社会科学版），2018（06）：1-8.

［145］田鑫．长三角城市经济高质量发展程度的评估：基于因子k均值方法的实证分析［J］．宏观经济研究，2020（03）：92-100，119.

［146］童锋，张革．中国发展数字经济的内涵特征、独特优势及路径依赖［J］．科技管理研究，2020（02）：262-266.

［147］汪丽娟，吴福象，蒋欣娟．双向FDI技术溢出能否助推经济高质量发展［J］．财经科学，2019（04）：64-79.

［148］王栋．数字经济发展对就业影响研究：基于我国部分城市数据的实证分析［J］．价格理论与实践，2020（12）：156-159.

［149］王娟．数字经济驱动经济高质量发展：要素配置和战略选择［J］．宁夏社会科学，2019（05）：88-94.

［150］王开科，吴国兵，章贵军．数字经济发展改善了生产效率吗?［J］．经济学家，2020（10）：24-34.

［151］王群勇，陆凤芝．环境规制能否助推中国经济高质量发展?：基于省际面板数据的实证检验［J］．郑州大学学报（哲学社会科学版），2018（06）：64-70.

［152］王思瑶．数字经济的统计界定及行业分类研究［J］．调研世界，2020（01）：4-9.

［153］王永昌，尹江燕．论经济高质量发展的基本内涵及趋向［J］．浙江学刊，2019（01）：91-95.

［154］王玉．中国数字经济对产业结构升级影响研究：基于空间计量模型［J］．技术经济与管理研究，2021（08）：14-18.

［155］王振华，李萌萌，江金启．交通可达性对城市经济高质量发展的异质性影响［J］．经济与管理研究，2020（02）：98-111.

［156］韦施威，杜金岷，潘爽．数字经济如何促进绿色创新?：来自中国城市的经验证据［J］．财经论丛，2022（03）：14.

［157］卫玲．发展数字经济与加快构建新发展格局：基于马克思主义政治经济学的思考［J］．求是学刊，2020（06）：1-9.

［158］魏敏，李书昊．新时代中国经济高质量发展水平的测度研究［J］．数量经济技术经济研究，2018（11）：3-20.

［159］魏蓉蓉．金融资源配置对经济高质量发展的作用机理及空间溢出效应研究［J］．西南民族大学学报（人文社科版），2019（07）：116-123.

［160］魏巍，符洋，杨彩凤．科技创新与经济高质量发展测度研究：基于耦合协调度模型［J］．中国科技论坛，2020（10）：76-83.

［161］温珺，阎志军，程愚．数字经济与区域创新能力的提升［J］．经济问题探索，2019（11）：112-124.

［162］文江雪，邓宗兵，王定祥．临港产业集聚对区域经济高质量发展的影响：基于知识溢出的视角［J］．城市问题，2021（04）：62-73.

［163］乌家培．谈信息经济与知识经济［J］．情报资料工作，1998（04）：218-220.

［164］吴婷，易明．人才的资源匹配、技术效率与经济高质量发展［J］．科学学研究，2019（11）：1955-1963.

［165］吴赢，张翼．数字经济与区域创新：基于融资和知识产权保护的

角度［J］. 南方经济，2021（09）：36-51.

［166］吴云勇，王炳峰. 财政分权、金融分权与经济高质量发展［J］. 金融与经济，2021（10）：40-46.

［167］伍德里奇. 计量经济学导论［M］. 费剑平，译. 北京：中国人民大学出版社，2007.

［168］夏杰长，姚战琪，徐紫嫣. 数字经济对中国区域创新产出的影响［J］. 社会科学战线，2021（06）：8，281-282.

［169］肖德，于凡. 中国城市群经济高质量发展测算及差异比较分析［J］. 宏观质量研究，2021（03）：86-98.

［170］肖远飞，姜瑶. 数字经济对工业绿色生产效率的影响研究［J］. 现代管理科学，2021（08）：100-109.

［171］谢会强，封海燕，马昱. 空间效应视角下高技术产业集聚、技术创新对经济高质量发展的影响研究［J］. 经济问题探索，2021（04）：123-132.

［172］徐敏，姜勇. 中国产业结构升级能缩小城乡消费差距吗？［J］数量经济技术经济研究，2015（03）：3-21.

［173］徐维祥，周建平，刘程军. 数字经济发展对城市碳排放影响的空间效应［J］. 地理研究，2022（01）：111-129.

［174］徐盈之，顾沛. 官员晋升激励、要素市场扭曲与经济高质量发展：基于长江经济带城市的实证研究［J］. 山西财经大学学报，2020（01）：1-15.

［175］许宪春，张美慧. 中国数字经济规模测算研究：基于国际比较的视角［J］. 中国工业经济，2020（05）：23-41.

［176］薛莲，黄永明. 环境规制能否助推区域经济高质量发展：来自长江经济带的经验证据［J］. 江汉论坛，2021（03）：37-44.

［177］闫海春，齐红倩. 民族地区省域经济高质量发展的测度与分析：以内蒙古自治区为例［J］. 生态经济，2022（01）：53-59.

［178］闫海春. 促进还是抑制？人口老龄化对经济高质量发展的影响：基于内蒙古自治区的实证研究［J］. 湖北民族大学学报（哲学社会科学版），2020（02）：60-67.

［179］阎世平，武可栋，韦庄禹．数字经济发展与中国劳动力结构演化［J］．经济纵横，2020（10）：96-105.

［180］杨慧梅，江璐．数字经济、空间效应与全要素生产率［J］．统计研究，2021（04）：3-15.

［181］杨佩卿．数字经济的价值、发展重点及政策供给［J］．西安交通大学学报（社会科学版），2020（02）：57-65，144.

［182］杨卫丽，谭景柏，刘道辉，等．城市创新效率与经济高质量发展的耦合关系及其时空分异特征研究［J］．统计与信息论坛，2021（06）：104-119.

［183］杨文溥．数字经济与区域经济增长：后发优势还是后发劣势？［J］．上海财经大学学报，2021（03）：19-31，94.

［184］杨文溥．数字经济促进高质量发展：生产效率提升与消费扩容［J］．上海财经大学学报，2022（01）：48-60.

［185］姚维瀚，姚战琪．数字经济、研发投入强度对产业结构升级的影响［J］．西安交通大学学报（社会科学版），2021（05）：11-21.

［186］易宪容，陈颖颖，位玉双．数字经济中的几个重大理论问题研究：基于现代经济学的一般性分析［J］．经济学家，2019（07）：23-31.

［187］于斌斌．产业结构调整与生产率提升的经济增长效应：基于中国城市动态空间面板模型的分析［J］．中国工业经济，2015（12）：83-98.

［188］余海华．中国数字经济空间关联及其驱动因素研究［J］．统计与信息论坛，2021（09）：23-34，44.

［189］余谦，邱云枫．基于SDA分解技术的中国数字经济增长因素分析［J］．管理现代化，2021（01）：21-25.

［190］詹新宇，崔培培．中国省际经济增长质量的测度与评价：基于“五大发展理念”的实证分析［J］．财政研究，2016（08）：40-53，39.

［191］张伯超，沈开艳．“一带一路”沿线国家数字经济发展就绪度定量评估与特征分析［J］．上海经济研究，2018（01）：94-103.

［192］张海燕．外商直接投资对黄河流域经济带高质量发展研究：基于黄河流域地级市的实证分析［J］．科学决策，2021（10）：89-102.

［193］张洁梅，唐冰辛．数字经济时代中国城市实现精细化管理的路径

研究［J］. 区域经济评论，2020（06）：94–100.

［194］张军扩，侯永志，刘培林，等. 高质量发展的目标要求和战略路径［J］. 管理世界，2019（07）：1–7.

［195］张鹏. 数字经济的本质及其发展逻辑［J］. 经济学家，2019（02）：25–33.

［196］张瑞，王格宜，孙夏令. 财政分权、产业结构与黄河流域高质量发展［J］. 经济问题，2020（09）：1–11.

［197］张少华，陈治. 数字经济与区域经济增长的机制识别与异质性研究［J］. 统计与信息论坛，2021（11）：14–27.

［198］张顺，费威，佟烁. 数字经济平台的有效治理机制：以跨境电商平台监管为例［J］. 商业研究，2020（04）：49–55.

［199］张腾，蒋伏心，韦朕韬. 财政分权、晋升激励与经济高质量发展［J］. 山西财经大学学报，2021（02）：16–28.

［200］张雪玲，焦月霞. 中国数字经济发展指数及其应用初探［J］. 浙江社会科学，2017（04）：32–40，157.

［201］张雪玲，吴恬恬. 中国省域数字经济发展空间分化格局研究［J］. 调研世界，2019（10）：34–40.

［202］张勋，谭莹. 数字经济背景下大国的经济增长机制研究［J］. 湖南师范大学社会科学学报，2019（06）：27–36.

［203］张亚峰，吴兴鲁，巩灿娟，等. 环境规制对山东省经济高质量发展的时空影响［J］. 生态经济，2021（08）：148–156.

［204］张永恒，王家庭. 数字经济发展是否降低了中国要素错配水平［J］. 统计与信息论坛，2020（09）：62–71.

［205］张跃，刘莉，黄帅金. 区域一体化促进了城市群经济高质量发展吗?：基于长三角城市经济协调会的准自然实验［J］. 科学学研究，2021（01）：63–72.

［206］张蕴萍，董超，栾菁. 数字经济推动经济高质量发展的作用机制研究：基于省级面板数据的证据［J］. 济南大学学报（社会科学版），2021（05）：99–115，175.

［207］张震，覃成林. 新时期京津冀城市群经济高质量发展分析［J］.

城市问题，2021（09）：38-48.

［208］张治河，郭星，易兰.经济高质量发展的创新驱动机制［J］.西安交通大学学报（社会科学版），2019（06）：39-46.

［209］赵滨元.数字经济对区域创新绩效及其空间溢出效应的影响［J］.科技进步与对策，2021（14）：37-44.

［210］赵剑波，史丹，邓洲.高质量发展的内涵研究［J］.经济与管理研究，2019（11）：15-31.

［211］赵丽霞，阿拉腾额古乐.科技创新能力对经济高质量发展影响路径量化研究［J］.科学管理研究，2019（04）：103-107.

［212］赵涛，张智，梁上坤.数字经济、创业活跃度与高质量发展：来自中国城市的经验证据［J］.管理世界，2020（10）：65-76.

［213］郑嘉琳，徐文华.数字经济助推我国经济高质量发展的作用机制研究：基于区域异质性视角的分析［J］.价格理论与实践，2020（08）：148-151.

［214］郑万腾，赵红岩.数字金融发展能驱动区域技术创新收敛吗?：来自中国284个城市的经验证据［J］.当代经济科学，2021（06）：99-111.

［215］钟业喜，毛炜圣.长江经济带数字经济空间格局及影响因素［J］.重庆大学学报（社会科学版），2020（01）：19-30.

［216］周锦，王廷信.数字经济下城市文化旅游融合发展模式和路径研究［J］.江苏社会科学，2021（05）：70-77.

［217］周科选，余林徽.知识产权示范城市试点对中国经济高质量发展的影响：基于双重差分法的准自然实验证据［J］.云南财经大学学报，2021（11）：13-29.

［218］周永道，孟宪超，喻志强.区域综合发展的“五位一体”评价指标体系研究［J］.统计与信息论坛，2018（05）：19-25.

［219］周志莹.开放型经济高质量发展指标测度及跨区域比较：以南京等八城市为例［J］.江苏大学学报（社会科学版），2021（06）：41-48.

［220］周忠宝，邓莉，肖和录，等.外商直接投资对中国经济高质量发展的影响：基于Index DEA和面板分位回归的分析［J］.中国管理科学，2020（08）：1-13.

［221］朱金鹤，孙红雪.数字经济是否提升了城市经济韧性？［J］.现代经济探讨，2021（10）：1-13.

［222］朱文晶.数字经济与城市空间网络发展及治理挑战［J］.世界地理研究，2021（08）：1-13.

［223］左鹏飞，陈静.高质量发展视角下的数字经济与经济增长［J］.财经问题研究，2021（09）：19-27.

［224］ACEMOGLU D，P RESTREPO. The Race Between Man and Machine：Implications of Technology for Growth，Factor Shares，and Employment［J］. American Economic Review，2018，148（108）：1488-1542.

［225］AGBOLA F W. Modelling the Impace of Foreign Direct Investment and Human Capital on Economic Growth：Empirical Evidence from the Philippines［J］. Journal of the Asia Pacific Economy，2014，19（2）：272-289.

［226］ARCAND J L，BERKESE，PANIZZA U. Too Much Finance？［J］. Journal of Economic Growth，2015，20（2）：105-148.

［227］ASONGU S A，NWACHUKWU J C. Quality of Growth Empirics：Comparative Gaps，Benchmarking and Policy Syndromes［J］. Journal of Policy Modeling，2017，39（5）：861-882.

［228］BAREFOOT K，CURTIS D，JOLLIFF W，NICHOLSON J R. Defining and Measuring the Digital Economy［R］. US Department of Commerce Bureau of Economic Analysis，No.15，2018.

［229］BARON M，KENNY D. The Moderator-Mediator Variable Distinction in Social Psychological Research［J］. Journal of Personality and Social Psychology，1986，51（6）：1173-1182.

［230］BEOMSOO K. Virtual Field Experiments for a Digital Economy：A New Research Methodology for Exploring an Information Economy［J］. Decision Support System，2002，32（1）：215-231.

［231］BERISHA-SHAQIRI A，BERISHA-NAMANI M. Information Technology and the Digital Economy［J］. Mediterranean Journal of Social Sciences，2015，6（6）：78.

［232］BHARADWAJ A，PAVLOU P. Digital Business Strategy：Toward a

Next Generation of Insights [J]. MIS Quarterly, 2013, 37 (2): 471-482.

[233] BORENSZTEIN E, DE GREGORIO J, LEE J W. How Does Foreign Direct Investment Affect Economic Growth? [J]. Journal of International Economics, 1998, 45 (1): 115-135.

[234] BRADBURY D, REILLY P. Inclusive Fiscal Reform: Ensuring Fairness and Transparency in the International Tax System [J]. International Tax and Public Finance, 2018, 25 (6): 1434-1448.

[235] BRAUN J. Essays on Economic Growth and Migration [D]. Massachusetts: Harvard University, 1993.

[236] BRULHART M, SBERGAMI F. Agglomeration and Growth: Cross-Country Evidence [J]. Journal of Urban Economics, 2009, 65 (1): 48-63.

[237] CHAVAS J P. On Impatience, Economic Growth and the Environmental Kuznets Curve: A Dynamic Analysis of Resource Management [J]. Environmental and Resource Economics, 2004, 28 (2): 123-152.

[238] CRAFTS N. Transport Infrastructure Investment: Implications for Growth and Productivity [J]. Oxford Review of Economic Policy, 2009 (3): 327-343.

[239] DAHLMAN C, Mealy Sam, Wermelinger Martin. Harnessing the Digital Economy for Developing Countries [R]. OECD Development Centre Working Papers, 2016 (334): 1.

[240] DANNY Q. Digital Goods and the New Economy [D]. 2003.

[241] DIAMOND P A. National Debt in a Neoclassical Growth Model [J]. American Economic Review, 1965, 55 (5): 1126-1150.

[242] ALPAY E, KERKVLIET J, BUCCOLA S. Productivity Growth and Environmental Regulation in Mexican and U. S. Food Manufacturing [J]. American Journal of Agricultural Economics, 2002, 84 (4): 887-901.

[243] Eisenmann T, Parker G, Van Alstyne M. Strategies for Two-Sided Markets [J]. Harvard Business Review, 2006, 84 (10): 92-101.

[244] BRYNJOLFSSON E, KAHIN B. Understanding the Digital Economy: Data, Tools, and Research [M]. Cambridge: The MIT Press, 2000.

[245] FALCETTI E, RAISER M, SANFEY P. Defying the Odds: Initial Conditions, Reforms, and Growth in the First Decade of Transition [J]. Journal of Comparative Economics, 2002, 30 (2): 229-250.

[246] FAN G, WANG L, MA R. The Contribution of Marketization to China' s Economic Growth [J]. China Economist, 2012, 7 (2): 4-14.

[247] FROLOV S M, KREME O L, OHOL D O. Scientific Methodical Approaches to Evaluating the Quality of Economic Growth [J]. Actual Problems of Economics, 2015, 173 (11): 393-398.

[248] GAPUTO A, MARZI, PELLEGRINI M. The Internet of Things in Manufacturing Process Innovation [J]. Business Process Management Journal, 2016, 22 (2): 383-402.

[249] GEORGIADIS CK, STIAKAKIS E, RAVINDRAN A R. Editorial for the Special Issue: Digital Economy and E-commerce Technology [J]. Operational Research, 2013, 13 (1): 1-4.

[250] GHAFFARYFARD M, SADEGHI M. Fiscal Decentralization Effectiveness on Economic Growth in Different Provinces of Iran [J]. JPBUD, 2013, 17 (4): 3-23.

[251] GHOSH A. How Does Banking Sector Globalization Affect Economic Growth? [J]. International Review of Economics & Finance, 2017, 48: 83-97.

[252] GIUDICE M. Discovering the Internet of Things within the Business Process Management [J]. Business Process Management Journal, 2016, 22 (2): 263-270.

[253] GOLDFARB A, TUCKER C. Digital Economics [J]. Journal of Economic Literature, 2019, 57 (1): 3-43.

[254] GROSSMAN G, KRUEGER A. Economic Growth and the Environment [J]. Quarterly Journal of Economics, 1995, 110 (2): 353-377.

[255] HALTIWANGER, J DAN JARMIN. Measuring the Digital Economy [M]. MIT Press Cambridge, 2000: 13-33.

[256] HONOHAN P. Financial Development, Growth and Poverty: How

Close are the Links? [M] . Palgrave Macmillan, London, 2004: 1–37.

[257] LANE N. Advancing the Digital Economy into the 21st Century [J] . Information Systems Frontiers, 1999, 1 (3): 317–320.

[258] LEWIS W A. Economic Development with Unlimited Supplies of Labour [J] . Manchester School of Economics and Social Studies, 1954, 22 (2): 139–191.

[259] LI H, DONG Y. China's High-quality Economic Development Level and Source of Differences: Based on the Inclusive Green TFP Perspective [J] . Journal of Finance and Economics, 2021, 47 (8): 4–18.

[260] MESENBOURG T L. Measuring the digital economy [R] . United States Bureau of the Census, 2001.

[261] MLACHILA M, TAPSOBA R, TAPSOBA S. A Quality of Growth Index for Devoloping Countries: A Proposal [R] . IMF Working Paper 14/172, 2014.

[262] MOULTON B. GDP and the Digital Economy: Keeping up with the Changes [R/OL] . (2017-07-26) [2022-08-03] . http: //bea. gov/papers/pdf/03. moulton. pdf.

[263] MYOVELLA G, KARACUKA M, HAUCAP J. Digitalization and Economic Growth: a Comparative Analysis of Sub-Saharan Africa and OECD Economies [J] . Telecommunications Policy, 2020, 44 (2): 308–596.

[264] NIEBEL T. ICT and Economic Growth-Comparing Developing, Emerging and Developed Countries [J] . World Development, 2018, 104: 197–211.

[265] NIJAKI L K, WORREL G. Procurement for Sustainable Local Economic Development [J] . International Journal of Public Sector Management, 2012, 25 (2): 133–153.

[266] NORTH C. Institutions, Institutional Change, and Economic Performance [J] . Cambridge University Press, 1990.

[267] PAUL M, WILSDON J. Digital Futures: An Agenda for a Sustainable Digital Economy [J] . Corporate Environmental Strategy, 2001, 8 (3): 275–

280.

[268] POSNER P. Budget Process Reform: Waiting for Godot [J]. Public Administration Review, 2009, 69 (2): 233-244.

[269] R KLING, R LAMB. IT and Organizational Change in Digital Economies: A Socio-Technical Approach [J]. Acm Sigcas Computers & Society, 1999, 29 (13): 17-25.

[270] RICHTER C, KRAUS S, BREM A. Digital Entrepreneurship: Innovative Business Models for the Sharing Economy [J]. Creativity and Innovation Management, 2017, 26 (3): 300-310.

[271] SAINT-PAUL G. Technological Choice, Financial Markets and Economic Development [J]. European Economic Review, 1992, 36 (4): 763-781.

[272] STEPHEN S COHEN, ZYSMAN J, DELONG B J. Tools for Thought: What is New and Important about the "E-conomy" [J]. Ucais Berkeley Roundtable on the International Economy Working Paper, 2000, 8 (3): 1-116.

[273] TAPSCOTT D. The Digital Economy: Promise and Peril in the Age of Networked Intelligence [M]. New York: McGraw-Hill, 1996.

[274] TEECE D. Profiting from Innovation in the Digital Economy: Enabling Technologies, Standards, and Licensing Models in the Wireless World [J]. Research Policy, 2018, 47 (8): 1367-1387.

[275] TRANOS E, KITSOS T, ORTEGA ARGILES R. Digital Economy in the UK: Regional Productivity Effects of Early Adoption [J]. Regional Studies, 2020, (11): 1-15.

[276] TURCAN V, GRIBINCEA A, BIRCA. Digital Economy: A Premise for Economic Development in the 20th Century [J]. Economy & Sociology Theoretical & Scientifical Journal, 2014, 8 (2): 109-115.

[277] WANG ZK, SHI JC. Special Issue on Changing Public Finance System: China's Fiscal Reform towards a Sustainable Economic Development [J]. Singapore Economic Review, 2018, 63 (4): 809-818.

［278］ WEINGAST B R. Second Generation Fiscal Federalism: Implications for Decentralized Democratic Governance and Economic Development ［J］. SSRN Electronic Journal, 2006, 65 (3): 279-293.

［279］ WILLAMSON J G. Regional Inequality and the Process of National Development: A Description of the Patterns ［J］. Economic Development and Cultural Change, 1965, 13 (4): 1-84.

［280］ WU J, HUANG L, ZHAO J. Operationalizing Regulatory Focus in the Digital Age: Evidence from An E-commerce Context ［J］. MIS Quarterly, 2019, 43 (3): 745-764.